소크라테스, 민주주의를 캐묻다

우리 시대, 사상사로 읽는 원전: 체제 탐구

소크라테스, 민주주의를 캐묻다

차례

'우리 시대, 사상사로 읽는 원전: 체제 탐구' 출간사 —— 6
서문 —— 11

1장 15
민주정이 시작된 역사적 공간 '폴리스'
아리스토텔레스 《정치학》

2장 27
민주정의 절정기, 체제 유지를 위한 패권 싸움
투퀴디데스 《펠로폰네소스 전쟁사》, 크세노폰 《헬레니카》

3장 55
민주정 시대를 체감한 소크라테스
크세노폰 《소크라테스 회상록》

4장 69

체제의 정당성을 묻는 '이념 혁명'
플라톤 《소크라테스의 변론》

5장 103

소크라테스와 플라톤의 정치적 지향
플라톤 《메넥세노스》

주해 115

출간사 주해, 서문 주해, 1장 주해, 2장 주해, 3장 주해, 4장 주해, 5장 주해

'우리 시대, 사상사로 읽는 원전: 체제 탐구' 출간사

우리는 민주공화국[1]에 살고 있다. 이 명제는 정치적 의사결정 방식인 민주정이 무엇인지, 그리고 그것은 인류가 보편적으로 지향하는 이념인 민주주의와 어떻게 다른지, 그런 방식과 이념이 공화주의와는 어떻게 구별되는지, 민주정이나 민주주의면 충분하지 굳이 공화주의를 덧붙이는 까닭은 무엇인지와 같은 물음에 대답할 수 있을 때에만 제대로 이해될 것이다. 그런데 민주공화국이라고 하는 정치 체제는 언제 어디서 어떻게 만들어졌는지 불분명하다. 민주공화국의 태생지라 하는 서양에서도 정확한 원천을 찾기 어려우며, 그것이 온전한 형태로 작동한 시기도 아무리 길게 잡아야 일백 년을 넘지 않을 것이다. 심지어 그것이 정확하게 무엇인지조차 확정되어 있지 않다. 한마디로 민주공화국은 전 세계적으로 매우 낯선 정치 체제다. 게다가 이 용어는 아무데나 쓰이고 있기도 하다. 현재 지구상에서 거의 유일한 왕조적 세습 독재국가가 자기 나라 명칭에 '민주주의 인민 공화국'을 쓰고 있다. 그런 게 민주주의고 공화국이라면 민주공화국 아닌 나라가 어디 있겠는가. 그런 까닭에 이 정치 체제에 대한 탐구는 하나의 규칙—이것이 있는지조차 의문스럽지만—으로 정해진 방식에 따르기보다는 그것을 채택하고 있는 나라의 사정에 따라 각각의 처지와 관점에서 이루어질 수밖에 없다. 그 정치 체제의 정의도 여전히 모호하기 때문에 그것을 규정하기 위해서는 어쩔 수 없이 그것 아닌 것으로 여겨지는 것들까지 탐구해야만 한다. 이는 결국 모든 정치 체제에 대한 탐구로 이어지는 곤혹스러운 사태를 불러온다.

아주 좁은 의미의 정치는 경제적 자원을 배분하는 힘인 권력을 쟁취하기 위한 투쟁이다. 이러한 투쟁은 작은 인간 집단에서도 늘 일어난다. 정치는 특정 집단에서 살아가는 사람들의 체제 유지 활동, 더 나아가 구성원들의 자기 완성을 위한 조직적 활동을 가리키기도 한다. 이 경우 정치에는 가치 지향적 의미가 포함될 것이다. 정치는 아주 넓게는 신이 인간을 구원하기 위한 매개체를 만드는 활동을 가리키기도 하는데, 이런 의미로까지 확장되면 사실상 정치와 무관하거나 대립되는 종교적 활동을 뜻할 것이다. 정치가 무엇을 가리키든 그것은 일정한 조직을 전제하므로 정치 체제는 좁게는 정치적 의사결정이 이루어지는 제도만을 의미할 것이나, 실제로는 그보다 훨씬 더 많은 것을 함축하곤 한다. 제도는 형식적인 법률만이 아니라 그것을 만들고 지키고자 하는 사람들이 어떤 신념을 가지고 어떻게 살아가고자 하는지, 즉 집단 구성원의 신념 체계와 삶의 방식이 뒷받침되어야 움직이기 때문이다. 따라서 이러한 신념 체계와 삶의 방식은 눈에 보이지 않는 규범이라 할 수 있다.

우리는 지금 우리의 삶을 규율하고 있는 민주공화국을 단순히 형식적인 헌법 규정으로서 알고자 하는 것이 아니다. 2000년대의 대한민국에서 이 규정이 현실적 실천적 규범으로서 어떻게 작용하는지, 그것이 어떤 방향으로 전개되고 발전되어야 하는지까지 궁극적으로 알고 싶어 한다. 이를 위해서 우리가 채택할 것은 사상사적 방법[2]이다. 이 방법은 인간 집단이 단순한 군집 상태를 벗어나서 자신들이 살고 있는 체제를 독자적이고 의식적으로 구축하고, 그것에 대한 반성적 통찰을 응축시켜 후대에 넘겨준[3] 저작들[4]을 특정한 학문 영역에 국한하지 않고 살펴보는 것이다. 사상사의 연구 대상이 되는 텍스트는 인류가 남긴 거의 모든 것들이겠으나 우리가 그것을 모두 읽을 수는 없다. 우리는 세계사의 일반적 시대 구분[5]에 근거하여 그 시대에 가장 뚜렷하게 드러난 텍스트들, 그리고 당대에는 간과되었으나 지금 주목해야만 하는 텍스트들을 '자의적으로' 선별하여 집중적으로 읽게 될 것[6]이다. 시대마다 중심이 되는 텍스트 하나가 이 시리즈 각 권의 중심으로 제시될 것이지만, 그 텍스트 하나만이 아니라 그것과 연관되는 다른 텍스트들을 이해하기 위한 상황 설명을 덧붙여서 하나의 서사를 제시하는 것이 우리가 시도하는 바[7]이다.

오랜 기간 해 온 공부가 어느 정도 마무리되었다고 하는 헛된 자신감에서 이 저작들을 쓰기 시작하였으나 이 일이 언제 끝날지는 알 수 없다. 독자들의 너그러운 이해를 바랄 뿐이다.

2021년 11월

강유원 적음

〈일러두기〉

본문에서 인용한 원전(한국어 번역본)의 서지사항은 아래와 같습니다.

- 아리스토텔레스, 《정치학》, 김재홍 옮김, 도서출판 길, 2017.
- 투퀴디데스, 《펠로폰네소스 전쟁사》, 천병희 옮김, 도서출판 숲, 2011.
- 크세노폰, 《헬레니카》, 최자영 옮김, 아카넷, 2012.
- 크세노폰, 《소크라테스 회상록》, 천병희 옮김, 도서출판 숲, 2018.
- 플라톤, 《소크라테스의 변론》, 박종현 옮김, 서광사, 2003.
- 플라톤, 《메넥세노스》, 박종현 옮김, 서광사, 2018.

그 밖에 본문이나 주해에서 한국어 판 서지사항이 표기되지 않은 저작들의 인용문들은 저자가 직접 번역한 구절들입니다.

서문

'우리 시대, 사상사로 읽는 원전: 체제 탐구' 시리즈의 첫째 권에서는 서양 고전 고대[1]의 정치 체제와 관련된 텍스트들을 다룬다. 인류 역사에서 처음 등장한 체제가 민주정이 아니었던 것은 아주 분명하지만, 사람들은 자연스럽게 고대 민주정 시기를 살았던 플라톤의 대화편들, 특히 '국가'라는 제목으로 널리 알려진 《정체》政體에서 체제에 관한 탐구를 시작한다.

우리는 이 중요한 저작을 탐구하기 전에 플라톤의 다른 대화편들과 동시대 다른 저자의 텍스트들을 읽을 것이다. 플라톤이 쓴 대화편 중에서도 《소크라테스의 변론》을 중심으로 읽는 까닭은 이 저작에 드러난 변론의 내용이 사상사적으로 중요하기 때문이기도 하지만, 무엇보다도 아테나이 체제가 가진 한계와 그것을 극복하기 위한 플라톤의 사유에 있어서 소크라테스가 제시한 근본적 지향점의 역할이 참으로 크기 때문이다. 플라톤의《메넥세노스》는 소크라테스와 플라톤이 이상적으로 생각했던 세계가 어떠한 것이었는지를 살펴보기 위한 텍스트이며, 소크라테스 사상의 맥락과 헬라스 세계를 파악하기 위해서는 아리스토텔레스의《정치학》과 투퀴디데스의《펠로폰네소스 전쟁사》, 크세노폰의《헬레니카》와《소크라테스 회상록》등을 읽을 것이다.

사람들은 흔히 소크라테스와 플라톤이 민주정에 반대한 이들이라 여긴다. 그러나 이는 착각이다. 그들은 민주 정체에서 태어나 그 안에서 살았고 자신들의 체제가 이룩한 성취와 문제점들을 체감하였으며, 그것을 더 나은 체제로 진전시키기 위해, 또는 그것을 보완하기 위해 깊이 사색하고 그것으로부터 실천적 처방을 제시하였다. 적어도 1950년대 이전의 사상가들 중에서 그들을 제외한 어느 누구도, 고대 아테나이와 같은 민주 정체는 물론이고 다른 어떤 형태의 민주 정체에서도 살아 본 적이 없다. 이 점 때문에라도 그들은 체제를 탐구하는 데 있어 아주 중요한 사상가들인 것이다.

소크라테스와 플라톤은 폴리스라는 공동체에서 살았다. 당대에 이 폴리스들은 외부의 적 페르시아의 침입에 대해서는 헬라스 사람으로서 단결하여 싸웠지만, 그 전쟁이 끝난 다음에는 폴리스들끼리 싸웠을 뿐만 아니라 폴리스 안에서도 패를 지어 격렬하게 다툼을 벌였다. 아테나이 사람들은 자신들의 극대화된 욕망을 외부로 투사하였고, 투퀴디데스는 이러한 오만함 때문에 아테나이와 시민들이 파멸하는 비극을 그린다. 소크라테스는 이 비극이 모두에게 감지되지 못하고 있던 상황에서 출현했다. 그는 쾌락에 빠진 시민들[2]을 바라보면서 탐욕을 버리고 추상적 이념의 입장으로 올라갈 것을 촉구한다. 소크라테스의 이러한 정신화를 더 밀고 나아간 플라톤은 고요하게 관상하는 인간을 길러 내고 그러한 인간이 통치하는 교육과 체제를 구상한다.

  소크라테스는 자신이 살고 있는 아테나이가 근본적으로 탐욕에 휩싸였기 때문에 그러한 쟁투와 내전에 휘말려 들어가게 되었다고 보았다. 그리하여 그는 체제를 퇴락시키는 쾌락주의자들을 저지하기 위해 폴리스 사람들에게 자신의 삶을 되돌아보는 '캐묻기'를 촉구하였으며 그들에게 부끄러움을 깨닫게 하려 하였다. 더 나아가 그는 참된 명예, 용기, 절제라고 하는 지향점을 제시하였는데, 이는 그저 추상적인 덕목이 아니라 그가 자신의 삶을 충실하게 살아내면서 체득한 참된 인간의 가치이며, 어떠한 체제의 공동체라도 가장 우선시해야 할 덕목인 것이다.

  그런 점에서《소크라테스의 변론》을 비롯하여 지금 우리가 읽을 텍스트들은, 항상 위기에 처해 있는 민주정과 그러한 정치 제도의 바탕을 이루는 올바른 이념으로서의 민주주의를 걱정해야만 하는 우리에게, 체제에 관한 근본적인 고민과 통찰을 제시해 줄 것이다.

2021년 11월

강유원 적음

1장

민주정이 시작된 역사적 공간 '폴리스'
아리스토텔레스 《정치학》

우리가 읽는 텍스트들은 헬라스의 폴리스에서 벌어진 사건들과 연관된 것들이기에, 이 사건들이 벌어진 역사적 공간에 대해 우선적으로 살펴볼 필요가 있다. 이에 아리스토텔레스의 《정치학》은 적절한 참고서이다. 《정치학》에서 폴리스[1-1]의 정의와 아테나이 체제의 변화에 관한 기초적인 논의들을 살펴봄으로써 우리의 고찰이 대체로 어떤 범위에 걸쳐 있는지를 확인하기로 하자.

《정치학》에는 폴리스에 대한 정의가 두 가지 등장한다. 하나는 제1권의 첫 문장이다. "우리는 모든 폴리스가 어떤 종류의 공동체이고, 모든 공동체는 어떤 좋음을 위해서 구성된다는 것을 관찰한다"(1252a 1). 이 정의는 말 그대로 인간이 형성한 모든 공동체가 '좋음'이라는 가치를 지향한다는 것을 전제로 폴리스라는 정치적 공동체 또한 그러하다는 관점에서 규정한 것이다. 그런데 시민의 자격을 중점적으로 다루는 제3권에서는 폴리스를 규정하는 방식이 이와 다르다. 그것은 폴리스의 형식적 측면을 주목한 서술적 정의다. 그것에 따르면 폴리스에 대한 "가장 피상적인 탐구는 장소와 사람(주민)만을 고려하는 것이다"(1276a 20). 이것에 더해 장소와 사람을 묶는 인위적 질서, 즉 정치 체제도 고려해야 한다. "정치 체제는 폴리스에 거주하는 자들의 어떤 질서(구조)이기 때문이다"(1274b 38).

폴리스가 어떤 가치나 목적을 지향해야 하는지는 조금 복잡한 논의가 필요할 것이므로 우리는 제3권의 형식적 규정[1-2]부터 살펴보기로 하자. 폴리스는 어떤 장소와 그 곳에 사는 사람, 이 두 가지를 기본 요소로 하여 구성된다. 그것의 가장 기초적인 단위는 가정이다. 가정에는 자연적 질서가 있다. 가족 구성원에게도 일정한 권리와 의무가 있는 것이다. 그러나 그들은 공동체를 유지하기 위한 법적인 규약은 만들지 않는다.

폴리스는 집단의 기초 단위인 가정의 집합체이지만 그것과는 질적으로 다르다. 폴리스는 구체적인 장소와 사물을 가리키는 것이 아니라 추상적인 범주이기 때문에 "폴리스에 거주하는 자들"이라는 말은 가정에 살고 있으면서도 어떤 폴리스에 속하는 사람들을 가리킨다. 따라서 그들을 부르는 명칭이 따로 필요하다. 그저 태어나기만 하면 저절로 그 가족의 구성원이 되는 것과는 달리 폴리스의 '시민'은 폴리스에 의해 자격이 주어져야 하고 그 자격을 시민이 의식하고 있어야 한다. 이러한 추상적인 연결 고리를 아리스토텔레스는 "질서"라고 말한다. 폴리스, 시민, 질서—이 개념들은 규약에 바탕을 둔 추상적인 것이다.

시민을 어떤 방식으로 질서 속으로 엮어 넣느냐에 따라 그 폴리스 체제의 성격이 정해진다. 엮어 넣는 주체가 시민들 자신일 수도 있고 강한 세력을 가진 사람들일 수도 있으며, 한 사람의 힘센 지배자일 수도 있고 신의 계시를 받은 예언자일 수도 있다. 그것은 민주정, 과두정, 참주정, 신정 등으로 불릴 것이다. 그런데 아리스토텔레스는 "민주정에서 시민인 어떤 이가 종종 과두정에서는 시민이 아니"(1275a 4)라고 말한다. 이것은 무슨 말일까? 정치 체제가 어떠한가에 따라 그 폴리스에 사는 사람을 부르는 명칭이 다르다는 것이다. 즉 민주정에 사는 사람만을 시민이라 할 수 있고 다른 정치 체제에 사는 사람은 그렇게 부를 수 없다는 것이다. 민주 정체가 과두정이나 참주정, 신정으로 바뀌면 이전에는 '시민'으로 불렸던 사람들이 '신민'으로 불리게 될 것이다.

시민은 민주 정체의 폴리스에서 살고 있기만 하면 얻을 수 있는 자격이 아니다. 오늘날의 용어로 말하면 주권을 가진 사람만이 시민이 될 수 있는 것이다. "어딘가에 거주함으로써 시민이 시민으로 되는 건 아니다(거류 외국인들과 노예들도 거주 장소를 공유하니까)"(1275a 6~8). 거류 외국인들과 노예는 분명히 시민이 아니다. 아직은 시민이 아니지만 장차 시민이 될 예정이거나 과거에 시민이었던 이들도 있다. "나이가 어리기 때문에 아직 시민 명부에 등재되지 못한 아이들과 시민의 의무로부터 면제된 노인들은 '아주 단적인 의미에서의 시민들'이 아니라 '어떤 의미에서의 시민들'로 불려야만 한다"(1275a 15~17). 의무를 지지 않고 있는 시민, 즉 결격 사유가 있는 이들은 '잠정적인 시민'이다. 거류 외국인들, 노예들, 잠정적인 시민들을 제외한 이들이 바로 "단적인 의미에서의 시민"[1-3]이다. "단적인 시민은 판결과 관직에 참여한다는 것 이외의 다른 어떤 것에 의해서 정의되지 않는다"(1275a 23~24). 단적인 시민이 참여하는 곳은 공공 영역이다. 달리 말하면 공공 영역에 참여하지 못하는 자들은 시민이 아니다. 사람이 태어나는 것은 자연적인 사태이다. 그러나 자연적인 사태로 태어난 사람들이 시민이 되려면 법적인 규범에 근거한 자격을 얻어야만 한다. 이 자격은 저절로 주어지는 것이 아니다. 노력을 해야 하는 일이다. 이는 시민 자격을 쟁취하는 일에 굉장한 격렬함이 수반된다는 것을 함축한다.

《정치학》제3권에서는 폴리스를 대체로 형식적인 측면에서 다루지만 폴리스의 목적의 측면도 제시된 바 있다. 아리스토텔레스에 따르면 "인간은 본성상 폴리스적 동물이라고도 말해진다. 이런 까닭에 사람들은 서로 간에 어떤 도움을 필요로 하지 않을 때조차도, 못지않게 함께 살기를 욕구한다. 그럼에도 불구하고 그들 각자에게 잘 삶[1-4]을 위한 어떤 몫이 주어지는 한에서, 공동의 유익함도 사람들을 함께 모으는 것이다. 그렇다면 잘 삶은 공통적으로 모든 사람에게나 별도의 개개인에게도 최고의 목적인 것이다"(1278b 19~24). 이 규정에 따르면 사람들이 그저 모여서 규범에 따라 사는 집단을 이루기만 해서는 폴리스가 될 수 없다. 어떤 좋음을 목적으로 하는 집단이어야 비로소 폴리스인 것이다. 그리고 제1권에 따르면 "그 모든 공동체들 중에서 최고의 것이면서 다른 모든 공동체들을 포괄하는 이 '공동체'는 가장 으뜸가는, 다시 말해 모든 좋음들 중에서 최고의 좋음을 목표로 한다. 이것이 폴리스라고 불리는, 즉 폴리스적 삶을 형성하는 공동체이다"(1252a 3~6).

여러 종류의 공동체 중에서 최고의 좋음을 목적으로 하는 것이 정치적 공동체이다. 그리고 그 아래로는 지향하는 목적에 따라 공동체 간에 서열이 생긴다. 이 하위의 공동체들에는 가정, 마을, 학문 공동체, 종교적 집단들이 속할 것이다. 정치적 공동체를 좋음이라는 목적에 따라 규정하게 되면 당연히 그 폴리스의 질서도 좋음이라는 목적에 부합하는 것이어야만 한다. 그저 시민들을 규합하고 조직하는 것이 전부가 아니다. 그 폴리스에는 정의가 있어야만 한다. "정의는 폴리스를 형성하는 정치 공동체의 질서이고, 정의는 정의로운 것의 심판[1-5]이다"(1253a 38~39). 딱 잘라 말하자면 정의롭지 않은 폴리스는 폴리스라 할 수 없다. 정의는 '법적인 정의', 즉 법전, 법정, 사법제도 등을 가리킬 것이고 이것들은 궁극적으로는 정의로움(올바름)에 의존하여 작동할 것이다. 법적인 정의, 즉 합법성이 넓은 의미의 정의로움에 근거할 때에야 비로소 폴리스는 정당성을 얻게 될 것이다.

민주 정체에서는 많은 사람이 시민이지만 과두정과 참주정에서는 그렇지 않다. 형식적으로는 민주 정체를 갖추었으나 실질적인 운영은 민주적이지 않은 곳에서 시민은 허울만 시민일 것이다. 아테나이 민주정은 클레이스테네스의 개혁 이후에 일어난 일련의 사태들로 인해 성립하였는데, 그 과정의 핵심은 시민의 조건을 바꾼 것, 즉 시민의 범위를 넓히는 데 있었다.

시민의 자격과 정체의 본질적 규정은 맞물려 돌아간다. 아테나이에는 왕정이 있었고 그에 이어 귀족정이 성립하였는데, 솔론이 등장하면서 토지 소유에 변화가 있었다. 솔론의 개혁 때까지만 해도 토지를 가진 자가 시민이었다. 시민은 중무장 보병이 전투에서 사용하는 방패와 칼을 마련해야만 했는데, 그것이 부의 원천인 토지에서 나왔기 때문이다. 클레이스테네스의 개혁 때는 상업에 종사하는 상인이나 수공업자도 시민으로 포함시켰다. 클레이스테네스의 개혁을 통해 토지가 없어도 무장을 갖출 돈이 있기만 하면 시민이 될 수 있었던 것이다. 이로써 시민의 자격이 확대되었다. 그 후 펠로폰네소스 전쟁을 전후한 시기에 시민의 자격은 더욱 확대되는데, 아테나이 군대가 해군을 중심으로 구성되기 시작하면서 시민의 자격이 바뀌는 것이다. 돈은 없어도 노를 저을 수 있는 힘만 있다면 시민이 되었다. 그 사람들을 선동해서 자기를 지지하게 하면 강력한 정치 지도자가 될 수도 있었다. 이때가 바로 본격적 의미에서 민주정이 등장하는 시기다.

《정치학》제2권을 참조하면서 아테나이 정치 체제의 이러한 변화를 정리하기로 하자. 아테나이 역시 인류의 역사에서 등장한 수많은 공동체들과 마찬가지로 초기에는 왕정 체제였다. 토지를 가진 귀족들은 연합체를 이루고 있었다. 그들의 세력은 왕과 맞먹을 정도였기 때문에 이들은 전권을 가지고 있던 왕의 권력을 쪼개서 병권, 사법권 등을 나눠 가지게 된다. 권력을 나눠 가지게 된 왕과 귀족은 집정관단, 아레이오스 파고스의 재판관 등을 차지하였다.

아테나이의 개혁을 이끈 솔론은 주민을 재산에 따라 네 계급으로 분류하고 상위 세 계급, 즉 명망 있는 자들, 부유한 사람들, 기사 계급에서만 관직자를 선출하게 하였다. 넷째 계급은 품을 파는 고용인이었는데, 이 계급에게는 어떠한 관직도 주어지지 않았다. 폴리스의 형식적 정의에 따라 말해 보면 상위 세 계급만 시민에 해당하며, 시민의 자격은 재산에 근거하고 있었다. 시민권은 재산에 기반을 두어야 한다는 생각이 강력하게 남아 있었기 때문에 헬라스에서는 민주정을 '빈민정'이라 불렀으며, 오늘날과 같은 본격적인 민주정 시대에도 이러한 관행은 사람들 사이에서 암암리에 작용한다. 재산을 가지지 못한 이들을 시민이 아닌 '아랫것들'로 여기는 못된 습속이 있는 것이다.

고용인들은 시민의 자격을 가지지 못한 것에 불만을 가졌고, 이들은 페이시스트라토스의 참주정 시기에 시민권을 획득하게 된다. 이것이 페이시스트라토스 시대의 중요한 성취이다. 이렇게 시민권이 확대된 데에는 재산에 대한 규정말고도 변화된 전쟁의 양상이 아주 중요한 요소로 작용했다. 예전처럼 용맹하고 싸움을 잘하는 몇몇 장수들이 전쟁의 승패를 좌우하는 것이 아니라 많은 사람들이 집단적으로 밀집 대형을 만들어 싸우는 방식으로 전투가 행해졌으므로 가담하는 사람의 수가 많이 요구되었기 때문이다.

아테나이가 민주정으로 나아가게 된 결정적 계기는 클레이스테네스의 개혁에서 마련되었다. 아테나이에서는 이미 이백여 년에 걸쳐 평민의 도시민화가 이루어져서 시민권이 토지에 얽매이지 않은 상태였다. 또한 부유하지 않은 평민은 중장 보병이 되어 단단해진 군사적 입지를 바탕으로 정치적 권리를 강화하였다. 부의 원천과 폴리스의 존립에 기여하는 방식이 다양해지면서 시민이 될 수 있는 자격 또한 다양해졌다. 이로써 아테나이는 본격적인 민주정 시기에 들어서게 된다. 이렇게 보면 민주정은 부의 원천과 그에 따른 재산의 획득, 그리고 폴리스에 기여하는 방식 등에 근거한 정치적 권리의 확보라고 하는 일련의 연쇄 작용을 통해서 성립한다는 것을 알 수 있다. 다시 말해서 사회적 경제적 근간을 변혁함으로써 정치적 영역의 변화를 이끌어 내고 그것이 체제의 전체적인 혁명[1-6]을 가능하게 하는 것이다.

본격적인 민주정은 사회 혁명이 이루어진 다음에야 가능

해진다. 점진적으로 확대되어 온 정치적 평등이 부의 평등에 대한 요구로 발전하면서 부의 불평등에 대한 공격이 생겨나고, 그것이 정치적인 제도화로 이어지는 것이다. 그렇지만 모든 이가 평등하게 부를 추구하게 되었다는 것은 이익 추구가 모든 이의 삶의 목적으로 자리잡기 시작했다는 것이기도 하다. 이익 추구가 적절함을 넘어서 버리면 탐욕이나 쾌락으로 뻗어 나간다.

플라톤은 폴리스의 시민 모두가 절제를 근본적인 심성으로 갖추어야 한다고 주장한다. 이렇게 하려면 소크라테스가 《소크라테스의 변론》에서 촉구하듯이 사려 깊게 자신의 삶을 되돌아보아야만 한다. 오늘날 우리는 민주정이라는 말에서 탐욕을 떠올리지 않지만, 플라톤이 보기에 민주정은 탐욕과 연결되어 있고 올바른 정치 체제는 절제를 바탕으로 한다. 그렇다면 어떻게 해서 탐욕이 생겨났을까, 또는 어떤 방식으로 민주정은 시민들의 탐욕을 충족시켰을까? 전쟁을 통해서였다. 아테나이는 체제를 유지하기 위해 해상 패권을 계속해서 장악하려 했으며 이를 위해 벌이는 전쟁은 또다시 탐욕을 증폭시키는 요인이 되었다. 우리는 《펠로폰네소스 전쟁사》를 읽으면서 이러한 악순환이 만들어진 역사적 과정을 구체적으로 확인할 수 있다.

2장

민주정의 절정기, 체제 유지를 위한 패권 싸움
투퀴디데스《펠로폰네소스 전쟁사》, 크세노폰《헬레니카》

헬라스의 폴리스들은 각각이 독자적인 정치 공동체였다. 폴리스 사람들은 자신들이 헬라스 민족에 속해 있다는 의식도 있었지만 그 자체로 독립적 체제였던 폴리스들 사이에는 쟁투[2-1]가 빈번하게 벌어졌다. 투퀴디데스와 크세노폰은 이 중에서 가장 거대한 사건인 펠로폰네소스 인들과 아테나이 인들의 싸움을 기록[2-2]하였다. 이 싸움은 소크라테스와 플라톤의 생애에서 중요한 배경이며, 아테나이 폴리스 시민들의 신념 체계와 삶의 방식에 강력한 영향을 미친 사태였다. 우리는 투퀴디데스와 크세노폰의 텍스트를 읽으면서 이 쟁투 속에서 아테나이 사람들이 어떻게 살아갔는지, 그리고 이 시기 폴리스들의 관계는 어떠했는지도 알아보기로 하자.

  본격적인 논의에 앞서 펠로폰네소스 전쟁 시기 아테나이 체제에 관하여 정리해 둘 필요가 있다. 이때는 아테나이 민주정의 절정기라 여겨지는 이른바 '페리클레스 시대'이다. 아테나이 민주정이 본격적으로 성립하게 된 것은 클레이스테네스 때부터이고, 페리클레스 시대는 그로부터 칠십오 년 정도가 경과한 시점이다. 보통 칠십 년 정도가 지나면 하나의 체제가 절정을 이루게 되어 이후 어떤 계기에 의해 흥성하든지 망하든지 전환기를 맞이하게 된다. 페리클레스 시대는 민주정의 절정기이자 동시에 쇠퇴의 길로 접어드는 시기였다. 그 당시 아테나이 주민은 어린 아이, 여자, 성인 남자들을 모두 포함해서 10만 명 정도였다. 이 중에서 아리스토텔레스가 말한 '단적인 시민'이 3만 명 정도였다. 그 다음 거류 외국인이 4만 명, 노예가 15만 명, 이렇게 해서 총 30만 명 정도가 살았다. 전체 거주자의 10분의 1에 해당하는 단적인 시민이 폴리스를 이끌어 갔다. 이 10분의 1에서도 전통적 의미의 시민에 해당하는 사람들은 많지 않고, 새롭게 시민이 된 사람들, 즉 빈민층이 많았을 것이다.

페리클레스는 유명한 '전몰자 추도 연설'에서 정치적 제도로서의 민주정만이 아니라 정치적 가치 또는 생활방식으로서의 민주주의를 이야기한다. 어떤 체제를 유지하는 데에는 이념만이 아니라 다양한 제도적 장치들과 나라를 이끄는 의제, 즉 '국가 아젠다'가 필요하다. 아테나이가 가지고 있던 중요한 의제 중의 하나는 해양 패권이었다. 아테나이 민주정이 절정에 이를 수 있었던 것은 아테나이가 이 패권을 기반으로 한 제국주의 국가였기 때문이다. 민주정이 성립하는 역사적 과정은 해양 패권과 무관하였다 해도, 그것이 일단 성립한 이후에 유지되는 데에는 아테나이의 패권과 그것을 이용한 다른 폴리스들과의 연합, 그리고 그것으로 포장된 수탈이 중요한 역할을 했다. 아테나이가 제해권을 유지함으로써 획득한 부는 빈민층이 정치적 권력을 가지는 데에 기여했다. 그런 까닭에 전쟁은 아테나이 입장에서 볼 때 체제 유지에 필수적인 요소였다. 전쟁과 체제, 이 둘은 서로가 서로를 뒷받침하는 관계에 있었던 것이다. 아테나이에서는 민주 정체를 유지하지 않으면, 즉 빈민까지 시민으로 포함시키지 않으면 해군을 유지할 수 없었고 그에 따라 전쟁에서 이길 수가 없었다. 아테나이의 승리는 함대의 힘에 달려 있었고 함대를 유지하려면 노를 젓는 빈민층과 그들을 지도하는 '민주파' 지도자들이 권력을 가져야 했다. 페리클레스 자신은 마음속에서 과두정을 지지하고 있었을지는 몰라도 권력을 잡고 유지하려면 전쟁을 해야 했으며, 전쟁에서 이기려면 민주파 지도자들 및 그들을 지지하는 빈민층과 손을 잡아야 했다. 흔히 페리클레스는 위대한 사람이라고 불리는데, 이러한 타협을 했기 때문에 위대해졌다고도 말할 수 있다. 그는 민주정의 '사상가'가 아니라 '정치가'였다.

투퀴디데스에 따르면 이 전쟁은 "헬라스 인들뿐 아니라 일부 비헬라스 인들에게도, 아니 전 인류에게 일대 사변[2-3]이었다"(1.1.2). 그가 이 전쟁에 대해서 이런 판단을 내리게 된 것은 "되도록 먼 과거로 거슬러 올라가 여러 증거를 검토한 결과 (…) 전쟁이든 그 밖의 일이든 이토록 규모가 큰 것은 그 어떤 것도 없었다는 결론에 이르렀기"(1.1.3) 때문이다. 제1권 2부터 투퀴디데스는 여러 증거를 검토한 결과를 서술하는데, 이 서술의 첫째 목적은 페리클레스에게 이 전쟁에 관한 책임이 얼마나 되는지를 따져 보는 것이고, 더 넓게는 아테나이에게 제해권이 얼마나 중요한 것인지를 과거의 연원$^{2-4}$으로 거슬러 올라가 고찰하는 데 있다.

제해권에 관한 것부터 살펴보자. 투퀴디데스는 제1권 4에서 미노스의 제해권을 언급한다. 이는 헬라스 세계에서 예전부터 제해권이 중요한 관심사였음을 밝혀 두기 위해서다. 사실 이 전쟁의 직접적인 원인은 코린토스와 아테나이 사이의 제해권 다툼에 있었다. 두 폴리스 모두 해상 무역을 중요시했기 때문이다. 물론 이 해상 무역이 처음부터 무역이라는 형태를 띤 것은 아니었다. 투퀴디데스도 밝히고 있듯이 이것은 생계를 유지하기 위한 해적질에서 시작된 것이다. "옛날에는 헬라스 인들과 대륙의 해안 지대나 여러 섬에 살던 비헬라스 인들이 배를 타고 자주 왕래하기 시작하면서부터 해적질을 생업으로 삼았"다. "그들은 성벽도 없이 사실상 여러 마을로 구성된 도시들을 습격하며 재물을 약탈했는데, 이것이 그들의 주된 생계 수단이었다. 또한 이것은 수치스러운 짓이 아니라 일종의 영광스러운 행위로 간주되었다"(1.5.1). 이렇게 하다가 "도시 가운데 항해술이 발달하며 부가 축적되기 시작한 후기에 건설된 도시는 바닷가에 자리잡고는 상업을 증진시키고 인근 세력을 막기 위해 지협을 성벽으로 둘렀다"(1.7). 아테나이나 코린토스는 이런 과정을 거쳐 형성된 폴리스들이기에 바다 교통로는 핵심적인 것일 수밖에 없었다.

아테나이에는 바다로 진출하는 관문인 페이라이에우스 항이 있다. 여기에서 코린토스 만으로 가는 가장 빠른 길은 메가라를 거쳐 육지로 이동하는 것이다. 펠로폰네소스 전쟁이 시작된 원인 중의 하나가 메가라 분쟁이었는데, 지리적 위치를 보면 이것이 왜 코린토스와 아테나이의 싸움으로 번졌는지 금세 이해할 수 있다. 펠로폰네소스 반도에서 해상 무역의 중심지는 코린토스다. 그 배후에 라케다이몬(스파르테)이 있다. 따라서 이 전쟁은 펠로폰네소스 반도의 최전선에 있는 코린토스와 앗티케 반도의 아테나이와 그 후방의 섬들, 이른바 아테나이 동맹의 싸움이 되고, 이것이 메가라를 둘러싼 분쟁에 개입된 여러 힘들이다. 오늘날 같으면 메가라에서 코린토스 만까지 가는 운하를 팠을 것이나 이때는 그럴 수 없었고, 결국 아테나이와 코린토스의 싸움이 일어났던 것이다.

다른 싸움도 살펴보자. 아드리아스 해 오른쪽에 있는 케르퀴라에서 싸움이 일어났고 여기에 아테나이가 개입했다. 이 곳은 아테나이가 있는 앗티케 반도와는 멀리 떨어져 있으니 아테나이가 쓸데없이 개입한 것처럼 보이지만, 이 지역은 아테나이가 예전부터 중요하게 여기던 곳이다. 시켈리아 전쟁에 관한 것을 다루고 있는 투퀴디데스의 전쟁기 제6권에 따르면, 케르퀴라는 시켈리아로 가는 길목에 있기에 당연하게도 해상 패권을 유지하는 데 있어 중요한 지역인 것이다. 메가라를 놓고 코린토스와 싸운 이유가 코린토스 만으로 가는 길목 때문이었다면, 케르퀴라를 놓고 싸운 이유는 그곳이 시켈리아로 가는 길목이었기 때문이다. 이때는 대양 항해를 하지 못하고 연안 항해만 가능했기 때문에 케르퀴라까지 와야 시켈리아로 넘어갈 수 있었다. 아테나이에는 페이라이에우스 항이 있고, 그 앞에 살라미스 해협이 있으며, 너머에는 메가라와 코린토스 만이 있다. 메가라를 잡아야 코린토스 만의 제해권을 쥘 수 있고, 그래야 케르퀴라를 제압할 수 있으며, 그 다음에 시켈리아로 진출할 수 있다. 시켈리아는 이탈리아 반도로 가는 길목이며 이탈리아 반도에는 튀르레니아 해가 있고 거기에 엘레아가 있다. 엘레아는 파르메니데스의 고향이다. 아테나이와 엘레아는 교류가 있었다. 시켈리아에 살던 엠페도클레스도 떠올릴 수 있다. 그러니 이 길목들에서 싸움이 벌어지는 것이다. 그리고 그 전투들은 해양 무역을 통해 부를 쌓아 올리고 그것으로써 체제를 유지하는 나라들에게 어쩔 수 없는 생존의 싸움이 된다.

  그런데 이 싸움은 아테나이 사람 모두의 싸움이 아니었다. 앗티케 지방에서 농사를 짓던 농민들은 상업을 영위하지 않았으므로 전쟁에 관심이 없었다. 그들은 페르시아 전쟁 당시 동지였던 라케다이몬에게 우호적이었으며, 해상 제국을 세우고 지키는 전쟁에서 얻을 것이 없었다. 페이라이에우스 항구에 살고 있고 상업에 종사하고 해군에 복무하는 사람들이 가장 직접적으로 이 전쟁에 찬성하는 사람들이었다. 바로 그들이 시켈리아로 가는 길목뿐만 아니라 지중해 여기저기에서의 제해권을 강조하였을 것이며, 그 사람들이 페리클레스에게 압력을 넣었을 것이다. 여기서 '해군이 없었다면 육상 제국도 없었다'는 이야기가 나오게 된 것이다. 투퀴디데스는 이 점을 정확하게 밝혀 말한다. "먼 옛날과 그 이후 헬라스의 해군은 그러했다. 그럼에도 해군을 증강한 도시는 수익을 올리고 다른 도시를 지배하는 데 해군이 적잖은 힘이 되었다. 육지에서는 세력 신장을 위한 어떠한 전쟁도 벌어지지 않았다"(1.15.1~2).

지금까지 제해권이 중요해진 원인을 먼 과거로까지 거슬러 올라가 정리하였다. 이제부터는 아테나이와 라케다이몬에 대한 헬라스 세계의 일반적인 생각을 살펴보기로 하자. "헬라스 인들의 여론은 라케다이몬 인들 편이었는데, 무엇보다도 그들이 헬라스의 해방자로 자처했기 때문이다. 개인이든 도시든 저마다 말과 행동으로 어떻게든 라케다이몬 인들을 도와주고 싶어 했으며, 모두들 자기가 관여하지 않으면 일이 잘못되리라고 생각했다. 이처럼 사람들은 대부분 아테나이 인들에게 분개했는데, 더러는 아테나이의 지배에서 벗어나고 싶어서, 또 더러는 아테나이의 지배를 받게 되지 않을까 두려워서였다"(2.8.4~5).

페르시아 전쟁 이전에는 대부분의 폴리스들이 참주들의 지배 아래 있었는데 아테나이는 스스로 참주를 쫓아냈고, 시켈리아는 여전히 참주들의 지배 아래 있었다. 그 참주들을 라케다이몬 인들이 쫓아냈다. 그러고는 헬라스의 해방자로 자처했다는 것이다. 아테나이를 제외한 다른 폴리스들은 라케다이몬 사람들에게 신세를 한 번씩 진 셈이다. 코린토스에도 참주가 있다고는 하나 예전에 라케다이몬이 쫓아낸 것만큼 악독한 사람들이 있는 것은 아니었다. 다시 말해서 헬라스 지역의 대다수 폴리스들은 물론이고 심지어 아테나이 사람들까지도 라케다이몬에 우호적이었다는 말이다. 페르시아 전쟁에서 이기게 된 결정적 힘도 라케다이몬에서 나왔다. 게다가 라케다이몬은 다른 나라의 내정에 간섭하지 않았다. "라케다이몬 인들은 동맹국들에 연공을 부과하지는 않고 이들 도시가 라케다이몬의 이익을 위해 과두제 지지자들에 의해 통치되기만을 바랐다. 그러나 아테나이 인들은 차츰 키오스와 레스보스를 제외한 동맹국들에서 함선을 징발하고 모든 동맹국들에 연공을 할당했다"(1.19). 그 때문에 대다수의 사람들은 아테나이 사람들을 싫어하거나 아테나이의 지배를 받을까봐 걱정했다. 아테나이는 이런 이유로 동맹국들의 원망을 사고 있기는 했으나 전쟁이 시작되었을 때는 라케다이몬보다 세력이 강했던 것도 사실이다.

　페르시아 전쟁이 끝난 후 헬라스 세계는 삼십 년 평화조약을 맺음으로써 전쟁이 일어나지 않게 하는 억지력을 유지하고 있었다. 삼십 년 평화조약의 주요 내용은 아테나이를 중심으로 하는 동맹과 라케다이몬을 중심으로 하는 펠로폰네소스 동맹의 구성원이 소속 동맹을 바꿀 수 없다는 것, 분쟁이 일어났을 때 곧바로 전쟁을 하지 않고 반드시 중재를 거치도록 한 것이다. 이 정도면 훌륭한 국제조약이다. 이 조약을 체결하게 된 이유는 라케다이몬도 아테나이도 어느 한쪽이 다른 한쪽을 압도적으로 이기지 못한 상태에서 세력균형을 유지하는 데 있었다. 그런데 이러지도 못하고 저러지도 못한 상태에서 둘 다 적대적으로 대치하고 있으니 적대감이 상승한다. 공포가 쉽게 적대감으로 번지는 것이다. 일종의 '덫'에 빠진 상태다. 이 덫에 걸리면 공포가 안보 불안을 불러오고 상대방의 전력을 과대평가하면서 급기야는 전쟁이 발발할 것이라는 숙명론으로 빠지기 쉽다. 삼십 년 평화조약이 맺어졌다고 해도 기본적으로 세력균형을 유지하기 위해 체결된 것이기에 언제든 전쟁이 일어날 수밖에 없는 덫에 빠진 것이다. 게다가 아테나이와 라케다이몬 내부에는 기회가 주어지면 이 조약을 파기하고 해외 영토를 쟁취하려는 의도를 가진 불만 세력이 남아 있었다.

덫에서 빠져 나오려는 세력들에 의해 조약이 파기됨으로써 전쟁이 시작[2-5]된다. 전쟁은 구체적으로 어디에서 시작되었는가. 당연히 앞서 거론했던 연결고리들 중 하나가 터지면서 시작되었다. 본격적인 전쟁으로 이어지는 사건들[2-6]이 둘 있는데, 하나는 케르퀴라 사건이고, 다른 하나는 포테이다이아 사건이다. 묶어서 보면 케르퀴라 사건이 전쟁을 촉발한 원인이 된다. 이 사건은 에피담노스를 둘러싼 케르퀴라와 코린토스의 분쟁이다. 얼핏 보기에는 아테나이가 개입되어 있지 않지만 두 폴리스의 사절단이 아테나이에 방문하여 각각 지원을 요청함으로써 분쟁에 개입하게 된다.

에피담노스를 둘러싼 케르퀴라와 코린토스의 분쟁에서 에피담노스는 케르퀴라에 항복하였다. 코린토스가 케르퀴라에 패배한 것이다. 이에 코린토스가 복수를 준비하면서 케르퀴라의 사절단이 아테나이를 방문한다. "코린토스 인들이 그렇게 준비한다는 소식을 듣고 겁이 난 케르퀴라 인들은 아테나이 동맹에도 라케다이몬 동맹에도 가입하지 않아 여태껏 헬라스에 동맹국이 없던 터라 아테나이 인들을 찾아가 그들의 동맹국이 되고 그들의 도움을 청해 보기로 결정했다"(1.31.2). 케르퀴라로 인해 평화 조약에 없는 예외적인 사태가 나타났다. 원래 조약에는 소속 동맹을 바꿀 수 없게 되어 있는데 케르퀴라는 어느 동맹 소속도 아니다. 케르퀴라는 아테나이 동맹에 새로 가입하려 한다. "이 소식을 들은 코린토스 인들도 아테나이에 사절단을 파견했는데, 아테나이의 해군과 케르퀴라의 해군이 힘을 모아 자신들이 원하는 대로 전쟁을 수행하는 것을 방해할까 두려웠기 때문이다"(1.31.3).

케르퀴라 사절단은 아테나이를 자기네 편으로 끌어들이기 위해 아테나이의 핵심 관심사에 호소한다. 그것은 바로 자신들이 이탈리아와 시켈리아로 가는 해안 항로의 요충지라는 것이다. "간단히 말해 이런 사실은 여러분 모두와 각자에게 왜 여러분이 우리를 버려서는 안 되는지 말해 줄 것입니다. 헬라스에는 주요 해군 보유국이 셋 있는데, 바로 아테나이와 케르퀴라와 코린토스입니다"(1.36.3).

코린토스 사절단의 이야기도 들었지만, 아테나이 인들은 민회에서 케르퀴라와 동맹을 맺기로 결정하고 곧 케르퀴라에 함선 열 척을 원군으로 보낸다. 아테나이 사람들이 이렇게 결정한 것은 앞서 거론한 케르퀴라가 해안 항로의 요충지라는 점 말고도, "아무튼 펠로폰네소스 인들과의 전쟁은 시간 문제라고 여기던 터라 케르퀴라가 그 막강한 해군과 함께 코린토스 인들의 손에 넘어가는 것을 바라지 않았던"(1.44.2) 까닭도 있다. 세력균형을 계속해서 유지해야 했던 것이다. 케르퀴라 사건에 이어 아테나이가 코린토스의 식민시인 포테이다이아를 공격하는 사건이 발생하였다. 코린토스는 동맹국들을 라케다이몬으로 소집하였는데, 그중에서도 메가라 인들이 아테나이의 경제 봉쇄에 대해 "적잖은 불만을 토로하며, 특히 자신들이 아테나이 영토의 항구들과 앗티케 지방의 시장에서 배제된 것은 조약 위반이라는 점을 지적했다"(1.67.4).

투퀴디데스는 이때 라케다이몬 회의에서 행해진 네 가지 연설2-7을 전하고 있다. 이는 전쟁 개시 직전에 각각의 입장이 어떠했는지를 알아볼 수 있는 중요한 내용이다. 제1권 67장부터 88장까지 서술된 연설들은 코린토스 사절단의 연설(A), 아테나이 사절단의 연설(B), 라케다이몬 왕 아르키다모스의 연설(C), 라케다이몬 감독관 스테넬라이다스의 연설(D) 순서로 되어 있다. A와 C는 코린토스가 라케다이몬에게 전쟁을 하자고 설득하자 아르키다모스가 곤란하다고 대답하는 것이고, B와 D는 아테나이가 자신들이 뭘 잘못했느냐고 뻔뻔하게 나오는 것에 대해 스테넬라이다스가 발끈하여 전쟁을 하겠다고 나서는 것이다. 라케다이몬은 이 상황에서 민회의 결정을 따르기로 했고, 그 결과 참전이 결정되었다.

이제 페르시아 전쟁이 끝난 479년 이후 오십 년 가까이 유지되어 온 억지력2-8이 무너지면서 아테나이와 라케다이몬 모두 두려움이 적대감으로 상승하는 단계, 즉 확실한 덫에 빠지는 상황이 되었다. 이제 덫에서 빠져나오기 위한 유일한 방안은 전쟁뿐이라고 간주할 수밖에 없게 된 것이다. 마지막 외교 협상이 결렬된 후 아테나이에서는 페리클레스가 시민들을 상대로 전쟁에 나설 것을 설득한다. 먼저 저들의 요구를 나열한다. "그들은 우리가 포테이다이아에서 철군하고, 아이기나에 자주권을 반환하고 메가라 결의를 철회할 것을 요구하더니, 이번에 온 마지막 사절단은 다른 헬라스 인들에게도 자주권을 반환하라고 요구하고 있습니다"(1.140.3). 저들이 이렇게 요구하는 것은 아테나이가 해외로 진출하여 부를 쌓는 것을 포기하라는 것과 마찬가지다. 페리클레스는 그것을 양보한다고 해서 전쟁이 일어나지 않으리라고 착각하지 말 것을 단단히 다짐해 둔다. 그리고 근본적으로 왜 이 전쟁에 나서야만 하는지를 밝혀 말한다. 그 이유는 제해권이다. "제해권이란 위대한 것입니다. 생각해 보십시오. 우리가 섬 주민이라면 누가 공격에서 우리보다 더 안전하겠습니까? 그러니 우리는 자신을 되도록 섬 주민으로 여기고 영토와 집은 포기하되 바다와 도시는 지켜야 합니다. 그리고 영토와 집을 잃었다고 해서 화가 나 수적으로 훨씬 우세한 펠로폰네소스 인들과 치열한 전투를 벌여서는 안 됩니다"(1.143.5). 전쟁을 하되 버티는 전략으로 가야 한다고 주장한다. 바다와 도시, 이것이 페리클레스가 본 아테나이의 핵심 요소다. 여기에는 아테나이 농민이 빠져 있다.

페리클레스는 전쟁을 선동한다. 그리고 시민들이 굳게 결심해야 할 것을 요청한다. "여러분은 알아야 합니다. 전쟁은 불가피하며, 우리가 전쟁을 기꺼이 받아들일수록 우리 적의 공격이 덜 날카로워지리라는 것을. (…) 우리 선조가 페르시아 인들에게 대항하셨을 때 그분들에게는 지금 우리가 가진 것과 같은 물자도 없었습니다. 그렇지만 그분들은 가진 것도 버리고 운보다는 지혜로, 힘보다는 용기로 페르시아 인들을 물리쳐 우리 도시의 오늘이 있게 하셨습니다. 우리가 우리 선조보다 못해서는 안 됩니다. 그러니 우리는 어떻게든 적을 물리쳐 우리 후손들에게 우리 도시를 줄어들지 않은 상태로 물려주어야 합니다.' 페리클레스는 그렇게 말했다. 아테나이 인들은 그의 조언을 가장 훌륭한 조언으로 여기고 그가 요청한 대로 결의했다"(1.144.3~1.145).

지금까지의 사태를 정리해 보자. 아테나이의 제해권과 직접 충돌을 일으킨 것은 코린토스다. 라케다이몬은 지정학적으로 반도의 막다른 곳에 위치해 있기 때문에 해외 영토를 원하지도 않았고 해외 영토가 있어도 유지할 수가 없었다. 게다가 라케다이몬에서는 상공업이 법으로 금지되어 있었다. 라케다이몬은 반란군을 진압하여 그들을 노예로 부리고 사는 사람들의 땅이었다. 전형적인 농업 국가였다. 그렇기에 코린토스와 아테나이의 제해권 다툼에 직접적으로 개입된 것은 아니었다. 그저 배후의 패권 세력에 불과했으므로 라케다이몬이 이 전쟁에 가담하려면 많은 명분이 필요했고, 장차 아테나이 동맹이 자신들에게 심각한 위협이 되리라는 것에 대한 확신이 있어야만 했다. 반면에 아테나이의 제해권 장악은 폴리스의 이해관계와 직접적으로 얽힌 사안이었고 그에 따라 페리클레스와 그를 지지한 집단들이 추구한 정책 방향과 맞물리는 것이었다. 페리클레스가 죽은 다음 차세대 지도자로 등장한 클레온도 사실은 이 정책을 지지한 사람이며, 알키비아데스가 시켈리아 원정 시에 행한 연설도 이 맥락 안에 있다.

아테나이의 영광은 제해권에 달려 있었다. 그리고 이 제해권을 추구하면서 아테나이는 몰락했던 것이다.

전쟁이 발발했고 라케다이몬이 앗티케 지방으로 침입했다. 페리클레스는 농촌 사람들을 설득하여 그들을 시내로 옮겨왔다. 그들은 "농촌에서 처자와 가재도구를 시내로 옮기기 시작했는데, 심지어 집에서 목재를 뜯어 오기까지 했다"(2.14.1). 왜 목재를 뜯어 왔을까? 앗티케 지방에서는 목재가 귀한 물건이었기 때문이다. 농민들은 전쟁이 싫지 않은 젊은이들과는 다른 삶의 방식을 가지고 있었다. "사실 농촌 생활은 아주 먼 옛날부터 어느 누구보다도 아테나이 인들 특유의 생활방식이었다"(2.15.1). 그들은 페리클레스를 지지하기는커녕 그에 대한 원망이 가득한 사람들이었다. 페리클레스는 제해권을 주장하는 사람이었고, 당연히 무역 통로를 장악하는 것에 관심을 두었다. 농민들과 이익을 공유하는 점이 전혀 없었다. 여기서 그것이 표출된 것이다. 도시에 살고 있는 사람들의 상업적 생활방식은 농민들에게 낯설었다. 농민들은 "옛날에도 그랬지만 이번 전쟁이 터지기 전의 근래에도 관습을 따르며 대부분 농촌에서 태어나 자기가 태어난 곳에서 살았다. (…) 살던 집과 통일되기 이전 먼 옛날부터 가족이 늘 찾곤 하던 신전을 떠나자니 마음이 무겁고 괴로웠다". 여기서 신전은 조상신의 위패 정도에 해당한다. 이렇게 오래도록 살던 고을을 떠난다는 것은 그들에게는 "조국에서 추방되는 것이나 다름없었다"(2.16.1~2). 이들은 사실 민주 정체와도 별다른 이해관계를 공유하고 있지 않은 사람들이다.

전쟁이 시작된 첫해 겨울 아테나이 인들은 전통적인 관습에 따라 전쟁에서 죽은 이들을 위해 국비로 장례를 치렀다. 이 장례식에서 페리클레스는 전몰자 추도 연설을 한다. 추도 연설에는 기본적인 형식이 있다. 그것은 크게 '죽은 자에 대한 칭송'과 '산 자에 대한 충고'로 나뉜다. '죽은 자에 대한 칭송' 부분에서 페리클레스는 조상을 찬양하고 아테나이가 "헬라스의 학교"(2.41.1)임을 자랑스럽게 내세우면서 민주 정체의 장점들을 나열한다. 이런 찬양을 마치고 '산 자에 대한 충고'에 들어서서는 죽은 자들을 본받아 폴리스를 위해 노력하자고 말한다. 일반적으로 추도 연설에서 할 만한 이야기이다.

페리클레스$^{2-9}$는 잘 알려져 있듯이 아테나이 민주 정체의 절정을 이끈 지도자였다. 그는 시민을 설득하여 펠로폰네소스 전쟁을 시작한 지도자이기도 하다. 그에게 온전히 전쟁 책임을 지울 수는 없으나 전쟁을 시작한 것이 어떤 의미가 있었는지는 되짚어 보아야 할 것이다. 사실 플라톤이 이를 되짚고 있다. 우리가 마지막으로 검토해 볼 플라톤의 대화편《메넥세노스》는 페리클레스의 추도 연설의 다른 초안도 있었음을 가정하고, 그것을 소크라테스가 메넥세노스에게 알려 주는 내용으로 되어 있다. 그 내용은 투퀴디데스가 기록한 연설과는 사뭇 다르다. 그렇다면 플라톤은 페리클레스의 추도 연설만이 아니라 그가 가지고 있었던 정치적 기획과 외교 정책 전반에 대해 논박을 하고 있는 것이다. 이에 대해서는 《메넥세노스》를 읽으면서 상세하게 살펴보기로 하자.

페리클레스는 추도 연설을 훌륭하게 마쳤으나 그 다음 해에 아테나이에 널리 퍼진 역병에 걸려 죽는다. 아테나이의 역병에 대한 투퀴디데스의 설명은 전쟁 시기 널리 퍼진 시민들의 심성 상태에 관한 통찰을 보여 주며 페리클레스가 죽기 전에 남긴 마지막 연설은 추도 연설보다 당대의 상황을 훨씬 더 잘 알려 준다. 아테나이에 퍼진 역병은 질병 자체도 심각한 사태였지만 그것이 사람들의 규범을 무너뜨리는 결정적 계기가 되었다는 점에서 긴요한 의미가 있다. 투퀴디데스에 따르면 "아테나이는 이 역병 탓에 무법천지가 되기 시작했다. (…) 이제 사람들은 전에는 은폐하곤 하던 쾌락에 공공연하게 탐닉하였다. 그래서 사람들은 목숨도 재물도 덧없는 것으로 보고 가진 돈을 향락에 재빨리 써 버리는 것이 옳다고 여겼다"(2.53.1~2). 아테나이 사람들은 여기서 한계를 넘어간다. 그들에게는 더 이상 "신들에 대한 두려움도 인간의 법도 구속력이 없었다"(2.53.4). 역병 때문에 아테나이가 빠르게 피폐해지는 객관적 상황에 대한 강렬한 서술에 이어 페리클레스의 마지막 연설이 등장한다. 페리클레스의 마지막 연설을 보여 줌으로써 아테나이가 전혀 다른 상황으로 들어섰음을 암시하는 것이다. 다시 말해서 아테나이 전성기를 상징하는 추도 연설, 아테나이의 고통과 몰락을 예견하는 듯한 역병 사태, 그리고 페리클레스의 마지막 연설과 그에 대한 추모사가 연이어 등장함으로써 짧은 간격으로 절정과 몰락을 보여 주려는 서사[2-10]인 것이다.

    페리클레스의 마지막 연설은, 약간은 과장된 부추김을 담고 있는 추도 연설과 달리 현실의 상황에 대한 냉정한 판단을 바탕으로 어떻게 이 전쟁을 지속해 나갈 것인가에 초점을 맞추고 있다. 그러면서 그는 끝까지 아테나이의 앞날에 대한 자부심을 잃지 않는다. 그는 먼저 시민 개개인보다는 폴리스가 우선이라는 관점을 세운다. 또한 전쟁은 현 시점에서 불가피한 선택이었음을 강조한다. 그에 따르면 "평화와 전쟁 가운데 마음대로 선택할 수 있고 다른 방면에서 잘나갈 경우 전쟁을 선택하는 것은 매우 어리석은 짓일 것입니다. 그러나 굴복하고 곧장 남에게 예속되든지 아니면 위험을 무릅쓰며 버텨 내든지 둘 중 하나를 선택할 수밖에 없을 때는 위험을 무릅쓰는 것보다는 위험을 피하는 편이 더 비난받아 마땅할 것입니다"(2.61.1). 그러므로 아테나이 시민들은 이 고난을 감내하면서 이 전쟁에 맞부딪혀야만 하는 것이다.

    그렇다면 어떤 방법으로 아테나이의 승리를 이끌어 낼 것인가. 이미 장악한 제해권을 더 확고하게 유지해야만 한다. "여러분은 현재의 해군력으로 어디로든 마음대로 항해할 수 있으며, 페르시아 왕이든 다른 사람들이든 그것을 막을 수 있는 세력은 이 세상 어디에도 없습니다"(2.62.2). "이러한 힘은 집과 토지가 가져다주는 이익과는 전혀 차원이 다른 것"(2.62.3)이며, 집과 토지를 잃는 것은 그리 큰 손실이 아니다. 그러므로 아테나이 시민들은 여기서 그만두어서는 안 된다. "갑자기 공황 상태에 빠져 정치에 대한 무관심에서 제국을 포기하는 것을 고상한 행동이라고 여기는 사람도 있을지 모르지만, 여러분은 이제 더 이상 제국을 포기할 수 없습니다. 여러분의 제국은 이제 참주 정체와도 같습니다. 그것을 시작한 것은 나빴을지 모르지만, 그만두자니 위험하기 짝이 없기 때문입니다"(2.63.2). 아테나이는 민주 정체 폴리스였다. 그런데 여기서 페리클레스는 자신들의 폴리스가 참주 정체와 마찬가지의 상태에 있다고 한다. 그것은 다른 폴리스들에 대해서 아테나이가 어떤 위치에 있는지를 스스로 잘 알고 있음을 보여 준다. 안쪽으로는 민주정일지는 모르나 밖에서는 참주정인 것이다. 페리클레스는 연설을 마무리하면서 시민들의 심정을 북돋운다. 아테나이가 헬라스의 지배자가 될 것이라는 확신을 가지고 "남을 지배하고자 하는 사람들은 누구나 일시적으로 미움을 사고 인기가 떨어지게 마련"이지만 "당장의 영광과 미래의 명성은 영원히 기억될 것"(2.64.5)임을 가슴에 새기라고 충고한다.

페리클레스의 마지막 연설은 이처럼 내용과 의도가 투명하다. 당대는 진정한 의미의 민주정 시대라 할 수 없었다. 투퀴디데스가 지적하고 있듯이 "이름은 민주주의이지만 실제 권력은 제일인자의 손에 있었다"(2.65.10). 현란한 연설술을 가진 사람이 어리석은 대중들을 유린하였다. 이것이 가능했던 것은 당대 아테나이가 "제국"으로 나아갔기 때문이다. 각각이 각각의 원인이면서 결말이 되었다. 악순환으로 빠져들었다. 아테나이가 제국으로 나아가지 않았으면 선동이 난무하는 대중 정치가 나타나지 않았을 것이다. 그렇지만 탐욕이 가득한 대중은 그것을 충족시켜 줄 지도자를 필요로 하였다. 이를 위해 아테나이는 제해권을 계속해서 유지해야만 하였다. 제해권을 유지하려면 많은 인민을 동원할 필요가 있었다. 인민을 동원하려면 실제 권력이 한 사람을 통해 행사되어야 한다. 일사불란하게 움직일 필요가 있었기 때문이다.

    사람들은 흔히 페리클레스의 전몰자 추도 연설에 근거하여 당대의 아테나이가 민주정의 절정기였다고 판단한다. 그러나 그 연설이 당대의 상황을 그대로 반영하는 것은 아니다. 그것은 페리클레스의 호언장담에 불과한 것인지도 모른다. 그 연설이 있은 지 일 년도 되지 않은 시점에서 페리클레스가 행한 마지막 연설은 그것과 대립되는 내용으로 가득하다. 정치적 의사결정은 민주 정체의 방식을 따르고 있었을지는 몰라도 내용은 참주 정체에서 살고 있는 시민들의 것과 다르지 않다. 교양 있는 시민들의 민주 정체와는 아주 거리가 먼 것이다. 그것이 결정적으로 드러난 사태가 아테나이의 시켈리아 원정이었다. 이 원정은 아테나이 인들의 탐욕이 절정에 달했을 때 결행되었으며, 원정의 실패는 아테나이가 전쟁에 패배하는 결정적 계기가 되었다. 투퀴디데스는 페리클레스 후계자들의 수준이 형편없었으며 폴리스의 정책조차 민중의 기분에 내맡겼다고 비난하면서 시켈리아 원정이 대표적인 실수였다고 말하지만 사실은 그렇지 않았다. 페리클레스가 죽지 않았더라도 이 원정은 실패했을 것이다.

사람들은 일반적으로 페리클레스 시대부터 플라톤이 대화편을 쓸 때까지 아테나이 정체가 변함없이 민주정이었다고 생각한다. 억지를 부려서 페리클레스 시대에는 완전한 의미에서 민주정이었다고 우겨 볼 수 있겠지만, 411년에는 결국 과두정이 성립되었다. 투퀴디데스에 따르면, 헬라스 세계 전체에서 과두정과 민주정의 세력 싸움이 매우 자주 일어났다. 《펠로폰네소스 전쟁사》 마지막 권은 아테나이에서 벌어진 이러한 세력 싸움의 엎치락뒤치락을 서술한다. 그러다가 410년에는 투퀴디데스가 보기에 "처음으로 소수자와 다수자의 이익이 적절히 조화를 이룬 더 나은 정부를 갖게 되었"(8.97.2)다. 그런데 투퀴디데스는 이때부터 전쟁이 끝나는 404년까지의 경과는 상세히 기록하지 않고 있다. 다시 말해서 그는 "이 전쟁이 일어난 지 만 이십일 년"(8.109.2)이 되는 411년까지만 기록하고 있다. 그런데 크세노폰의 《헬레니카》는 이때부터 362년까지를 기록하고 있다. 투퀴디데스가 중단하기를 기다렸다는 듯이 그러하다. 이때는 전쟁 시기이기도 하지만 아테나이의 정파 간 내전이 시민들의 얼을 쏙 빼놓을 정도로 심해진 때이다.

플라톤은 젊은 날에 이 모든 것을 보았다. 소크라테스는 몇몇 전투에 참전했던 것은 물론 전쟁이 끝나기 전의 이 혼란에서 일정한 역할을 하기도 하였다. 그 사건 중의 하나가 아르기누사이 해전 이후 장군들의 재판을 둘러싼 것이다. 이에 관한 서술은 크세노폰의 《헬레니카》 제1권에서 찾아볼 수 있다.

사태의 개요는 이러하다. 아르기누사이 해전에서 아테나이가 승리하기는 하였으나 배가 난파하여 선원들을 구하지 못하고 죽음을 당한 일이 있었다. 그때 살아서 돌아온 사람이 죽어 가던 이들이 남긴 말을 전한다. "조국을 위해 용감하게 싸웠으나 장군들이 그들을 구해 주지 않았다는 사실을 꼭 전해 달라고 부탁했다"(1.7.11)는 것이다. 민회에서 장군들을 비난했던 칼릭세노스는 장군들을 사형에 처하자면서 표결을 제안했다. 그러자 "페이시아낙스의 아들 에우립톨레모스와 몇몇 사람들은 칼릭세노스가 불법으로 표결을 제안한다고 비난했다. 일부 민중들은 이 말에 박수를 쳤으나, 많은 사람들이 민중이 원하는 대로[2-11] 하지 못하게 하는 것은 옳지 않은 처사라며 고함을 질렀다"(1.7.12~13). 표결이 불법인가 아닌가가 쟁점이 된 것이다. 칼릭세노스가 다시 연단으로 올라가 장군들을 비난하는 발언을 했고, 사람들이 동조하여 고함을 지르자 대표 행정위원들은 한 사람을 빼고는 모두 겁에 질려 표결에 찬성했다. 표결이 불법이라면서 찬성하지 않은 사람은 소프로니스코스의 아들 소크라테스였다. "소크라테스는 합법적이 아닌 일에는 동참하지 않겠다고 말했다"(1.7.16), 이 소크라테스가 바로 그 소크라테스다. 이 사건은 플라톤의 《소크라테스의 변론》(32b~c)에서 소크라테스의 입으로 거론되기도 한다.

사태를 다시 보자. 칼릭세노스는 장군들을 비난하면서 그들을 사형에 처하는 것에 대한 표결을 제안했고, 다수의 민중들은 장군들을 처벌하고 싶어 한다. 일부 민중은 칼릭세노스의 표결 제안이 불법이라고 비판하는 에우립톨레모스의 말에 박수를 쳤다. 여기서 에우립톨레모스와 일부 민중이 한 편이 되고 칼릭세노스와 많은 사람들이 한 편이 된 대결 구도가 펼쳐졌다. 그런데 소크라테스를 뺀 나머지 대표 행정위원들은 겁에 질려 많은 민중들 편을 들어 표결에 찬성했다. 소크라테스는 합법 여부에 따라 참여 여부를 결정하겠다고 말했다. 소크라테스는 여기서 찬반을 이야기하지 않고 합법과 불법을 이야기했다. 이 점은 자신이 살고 있는 체제에 대한 소크라테스의 태도를 뚜렷하게 보여준다. 그는 민주파나 과두파 어느 한 쪽에 가담하기보다는 이 체제가 법에 따라 운용되고 있는가를 문제 삼고 있는 것이다.

사태로 다시 돌아가서 "에우립톨레모스는 (…) 칸노노스 법에 따라 피고 개인별로 표결할 것을 제안했다." 그러나 민회는 모두 일괄 표결로 처리하자는 반대 의견을 냈고 결국 이것이 채택되었다. 일괄 표결을 한 결과 "해전에 참가했던 여덟 장군은 유죄 판결을 받았고, 그 자리에 있던 여섯 명이 처형되었다"(1.7.34). 그런데 사태는 이것으로 깨끗하게 마무리된 것이 아니었다. "오래 지나지 않아 아테나이 인들은 후회를 하고, 민중을 현혹한 사람들을 고소하기로 하고, 재판을 받을 때까지 그들에게 보증인을 세우게 했다. 그중에는 칼릭세노스도 있었고, 또 다른 네 명도 보증인과 함께 구속되었다. 그런데 얼마 후에 모종의 소요가 일어나 클레오폰이 죽고 나머지는 재판을 받기 전에 달아났다. 그 후 페이라이에우스에 있던 사람들이 다시 (아테나이) 시내로 왔을 때 칼릭세노스도 돌아왔으나 모두의 미움을 받아 굶어 죽었다"(1.7.35). 이처럼 민회에서 표결을 두고 극심한 대립이 벌어지고 그 대립은 처형과 체제 전복과 소요와 정권 회복과 굶겨 죽이기와 같은 극단적인 결과를 낳아 놓는 상황이었다.

전쟁 중에 일어났던 일들은 전쟁이 끝난 다음에도 이어졌다. 펠로폰네소스 전쟁은 라케다이몬을 중심으로 한 펠로폰네소스 동맹의 승리로 404년에 끝났다. 라케다이몬은 아테나이에게 무조건 항복을 요구하였고 아테나이는 그것을 받아들였다. "테라메네스가 먼저 나서서, 라케다이몬 인의 요구를 수용하고 성벽을 허물자고 제안했다. 일부 반대자가 있었으나 다수가 찬성하여, 강화하기로 결정을 내렸다. 그 후 리산드로스가 페이라이에우스로 들어왔고, 망명객들이 돌아오고 피리 연주에 맞추어 적극적으로 성벽을 허물기 시작했다. 그날부터 헬라스의 자유가 시작된 것으로 간주되었다"(2.2.22~23). 전쟁이 끝나면서 아테나이에는 30인 참주정이 들어섰다. 그러나 곧바로 403년에 30인 참주정이 붕괴되고 다시 민주정이 회복되면서 특별 사면령이 내려졌다. 과두정, 참주정, 민주정의 엎치락뒤치락은 전쟁이 끝난 다음에도 계속되었던 것이다.

30인 참주정을 구성한 이들은 "자신들을 따를 것 같은 사람들로 의회를 구성하고 다른 관리들을 임명했다. 그런 다음 민주 정치 시절에 '험담'을 일삼고 '훌륭한 사람'들을 괴롭혔다고 생각되는 자들을 체포하여 처형했다. 의회는 기꺼이 그들에게 유죄를 선고"했다(2.3.11~12). 또한 그들은 "원한이나 돈 문제로 많은 사람들을 죽"(2.3.21)이기도 하였다. 그러나 봉기가 일어나 30인 참주를 축출[2-12]하였다. 그들이 뽑아서 공공 행정에 가담했던 삼천 명의 사람들을 어떻게 처리하는지가 문제가 되었다. 정부 체제가 바뀔 때마다 수많은 사람들이 정파 싸움으로 죽어 나갔으니 또다시 사람들이 죽어 나갈 때가 온 셈이다. 그런데 봉기를 이끌던 지도자 중의 한 사람이었던 트라시불로스는 "또 어떤 혼란도 있어서는 안 되며 전통의 법을 지켜 달라고 당부한 다음 민회를 해산했다. 그런 다음 장관들을 뽑고 질서를 회복시켰다. 후에 엘레우시스에서 이방인 용병을 고용한다는 소문이 들리자, 온 민중이 궐기하여 원정에 나서 그 장군들이 협의하기 위해 왔을 때 그들을 잡아죽였다. 한편, 다른 이들에게는 친구와 친지들을 보내 화합하도록 설득했다. 그리고 다시는 과거사를 들추지 않겠다는 서약을 하고는 양측이 오늘날까지 함께 살고 있으며, 민중은 서약을 신실하게 지켰다"(2.4.42~43).

전쟁 시기에는 어쩔 수 없었다 해도 전쟁이 끝난 다음에도 아테나이는 이처럼 정치적으로 안정된 상태에 이르지 못하고 있었다. 서로 다툼을 벌이는 이 와중에 소크라테스는 직접 개입되기도 하였으며, 그의 제자인 이십대의 플라톤은 이 모든 것을 목격하였을 것이다.

3장

민주정 시대를 체감한 소크라테스
크세노폰 《소크라테스 회상록》

우리가 집중적으로 읽으려는 텍스트는 플라톤의 대화편인 《소크라테스의 변론》이다. 이 대화편 말고도 소크라테스의 재판을 다룬 텍스트가 하나 더 있는데, 그것은 크세노폰이 쓴 《소크라테스의 변론》이다. 플라톤의 텍스트는 "아테나이 인 여러분!"으로 시작한다. 이어서 소크라테스가 아테나이 시민들에게 자신의 신념 체계와 삶의 방식에 대한 논변을 길게 제시한다. 당연히 이 논변에는 자신이 고발당한 죄목들에 대한 반박이 포함된다. 이 논변은 처음에 호명한 대로 아테나이 시민들에게 표명된다. 변론이 거의 끝나 갈 즈음에 소크라테스는 "재판관 여러분!"이라고 하면서 재판에 임하고 있음을 의식한 발언을 시작하지만 그러한 호칭을 받는 사람들은 자신에게 무죄를 표결한 사람들이다. 크세노폰의 《소크라테스의 변론》은 이와 아주 다르다. 재판에 관련된 객관적인 사항들만을 간략하게 제시하고 있을 뿐이다.

  크세노폰은 《소크라테스 회상록》에서 자신이 알고 있는 소크라테스에 대해 상세히 이야기한다. 이 점도 플라톤의 대화편과 차이가 있다. 플라톤의 대화편에 등장하는 소크라테스는 이른

바 '역사적 소크라테스'[3-1]와 정확하게 부합하는지 의문이 있을 수 있다. 소크라테스의 입을 빌려 플라톤 자신이 하고 싶은 말을 하고 있는 것일 수도 있기 때문이다. 반면 크세노폰의 텍스트에 등장하는 소크라테스는 이런 의문에서 벗어나 있다. 플라톤의 대화편처럼 하나의 주제를 드라마처럼 창작하여 쓴 것이 아니라 기억을 더듬어서 소크라테스가 했던 말들을 기록한 것이기 때문이다. 물론 플라톤이나 크세노폰이나 자신들이 알고 있는 소크라테스에 대해서 이야기하고 있을 것이며, 자신들이 보고 싶은 것, 말하고 싶은 것만 보고 말하고 있는 것일 수도 있다.

《소크라테스 회상록》을 쓴 크세노폰이 소크라테스의 제자였는지는 확인하기 어렵다. 그는 아테나이의 부유한 집안에서 태어났고 401년에 아테나이를 떠났으며, 그 전까지는 소크라테스의 추종자들과 어울려 다녔다고 한다. 아테나이가 라케다이몬에게 패배한 이후 세워진 30인 참주정 때는 기병대장이었으니 민주파에 맞서 싸우는 편에 섰던 셈이다. 아테나이에 민주 정부가 다시 들어서고 나서 사면을 받았으나 아무래도 마음 편히 살기는 어려웠을 것이다. 그는 아테나이를 떠나 여기저기 떠돌아다니며 이런저런 일들을 하였다. 그중 하나가 소小퀴로스의 원정에 참가한 일인데, 그가 전사한 후 헬라스 용병대를 이끌고 퇴각하면서 겪은 일을 기록[3-2]하기도 하였다.

크세노폰은 전쟁에 자주 참전했던 사람이다. 달리 말해

서 크세노폰은 떠돌아다니는 사람이다. 이러한 인간형의 대표가 《오뒷세이아》의 주인공 오뒷세우스이다. 플라톤의 대화편을 보면 소크라테스와 대화하는 사람들 중에 다른 나라 사람들이 많이 등장한다. 소피스테스도 그렇고 '손님'이라 불리는 사람들이 그렇다. 손님들은 여기저기 떠돌아다니는 사람들이다. 《파이돈》을 보면 소크라테스의 임종을 지킨 사람 중에는 오늘날의 북아프리카 지역에서 온 사람도 있다. 플라톤의 대화편에서 떠돌아다니지 않은 사람은 소크라테스뿐이다. 크세노폰은 겪음이 많은 사람으로 규정할 수 있겠다. 조금 도식적이기는 하지만, 진지하게 초월적 형상形相을 탐구하는 플라톤, 그리고 겪음에 근거하여 사태를 이리저리 살펴보는 크세노폰, 이런 식으로 이해해도 무방하겠다.

이제 《소크라테스 회상록》으로 들어가 보자. 이 텍스트는 총 네 권으로 이루어져 있는데 제1권에는 소크라테스가 고발된 사항들에 대한 반론이 집중적으로 나온다. 제1권 1장은 총론이고 2장부터 7장까지가 고발된 사항들에 대한 반박 사례들이다. 그러나 넓게 보면 제1권부터 제4권 전체가 고발된 항목들에 대한 변론이라 할 수 있다. 구체적으로는 제1권만 해당되지만 소크라테스가 어떤 사람이라는 이야기 자체가 고발에 대한 반론이 될 수 있기 때문이다. 제2권부터는 권 전체를 꿰는 하나의 주제가 없다. 제2권은 1장부터 10장으로 되어 있는데 다양한 주제들을 다루고 있다. 제4권 8장이 《소크라테스 회상록》의 결론인데 여기서 소크라테스의 재판과 관련된 이야기가 다시 거론되고 있다.

제1권은 마지막에 읽기로 하고, 제2권 1장부터 몇몇 중요하게 여겨지는 부분을 들여다보자. 제2권 1장은 쾌락주의자로 알려진 아리스팁포스[3-3]와의 대화이다. 이 부분은 소크라테스가 가장 경계한 것이 쾌락이었음을 알려 준다. 그리고 이 쾌락이 많은 것을 함축하고 있음을 우리는 알아차릴 필요가 있다.

소크라테스가 아리스팁포스에게 묻는다. "그러면 어떤가? 이제 자네는 인간을 어떻게 두 부류로 분류해야 하는지 알았으니 자신을 그중 어느 부류에 배정해야 한다고 생각해 본 적이 있는가?"(2.1.7). 아리스팁포스가 대답한다. "저 자신은 되도록 편안하고 즐겁게 살고 싶어 하는 자로 분류하겠습니다"(2.1.9). 소크라테스는 편안하고 즐겁게 살고 싶어 하는 자라는 대답을 기다렸던 듯하다. 그렇게 사는 게 속 편하다는 것을 누가 모르겠는가. 그런데 그런 대답을 하는 이들은 대체로 그렇게 사는 데 꼭 필요한 조건들에 대해서는 거의 생각을 하지 않는다. 소크라테스가 다시 묻는다. "그러면 자네는 통치자의 삶과 피치자의 삶 가운데 어느 쪽이 더 편안한지 살펴보고 싶은가?"(2.1.10). 아리스팁포스는 두 종류의 삶 모두 싫다고 한다. "둘 사이에 중도 노선이 있다고 믿고 그 길을 갈 참입니다. 그 길은 지배도 예속도 경유하지 않고 자유를 경유하는데, 자유야말로 행복에 이르는 가장 확실한 길이지요"(2.1.11). 중도를 통한 자유, 좋은 말이다. 그러나 중도는 머리 속에서는 가능할지언정 세상에는 없다. 소크라테스는 철없는 아리스팁포스에게 다시 묻는다. "지배와 예속을 피한다는 자네의 그 길이 인간 세상도 피해 간다면 자네 말에 일리가 있겠지"(2.1.12). 인간은 세상을 피할 도리가 없다. 그걸 피할 수 있다면 중도도 가능할테지만 목숨이 붙어 있고 공동체에 살고 있는 한, 인간은 어느 편에든 서야 한다. 아리스팁포스는 다시 대답한다. "하지만 저는 그런 일을 당하지 않으려고 국적에 얽매이지 않고, 모든 나라에서 외지인으로 살아간답니다"(2.1.13). 참으로 철없는 이 대답을 듣고 소크라테스는 "거 참 묘수일세"라고 가볍게 코웃음을 친 뒤 자신이 하고 싶은 말을 진지하게 내놓는다. "오늘날 시민으로서 자기 나라에 사는 사람들은 불의를 당하지 않으려고 법안을 통과시키고, 친족에 더하여 친구를 조력자로 삼으며, 도시를 성채로 에워싸고, 해코지하는 자를 막기 위해 무기를 취득하며, 이에 더하여 다른 나라와 동맹을 맺으려 하네. 하지만 이 모든 사전 조처에도 불구하고 그들은 불의를 당한다네"(2.1.14).

아리스팁포스는 속 편하게 자유인이라는 말을 내뱉지만 현실은 엄혹하다. 소크라테스는 그 점을 지적하여 말한다. "자네는 어느 도시로 가든 그곳 시민 어느 누구보다 약자의 처지인지라 불의를 행하려는 자의 손쉬운 표적이 되네. 그런데도 자네는 외지인이기에 불의를 당하지 않으리라 생각하는가? 어째서 그토록 자신만만하지? (…) 하긴, 일하기 싫어하고 사치스러운 생활을 좋아하는 인간을 어느 누가 자기 집에 두고 싶겠는가?"(2.1.15).
이쯤되면 이 말은 진지한 충고를 넘어 악담에 가깝다. 소크라테스가 보기에 아리스팁포스와 같은 인간형은 쾌락주의자라기보다는 공공의 삶에 대해 전혀 관심을 가지지 않는 극단적인 소극적 부정적 개체주의자인 것이다. 여기서 우리는 소크라테스가 어떤 종류의 삶을 적극적으로 옹호하였는지를 역설적으로 추측할 수 있을 것이다.

제2권 2장은 어머니에 관한 이야기, 3장은 형제에 관한 이야기, 4장은 우정에 관한 이야기, 5장, 6장, 7장은 친구에 관한 이야기다. 8장은 직업과 생활에 관한 이야기이고, 9장은 호의를 베푸는 것, 10장은 친구를 사귀는 것에 관한 이야기다. 열 장 중에 다섯 장이 친구에 관한 이야기다. 제2권은 1장을 제외하면 전반적으로 인간관계에 관하여 다루고 있는 셈이다. 그런데 사실 아리스팁포스를 논박하는 부분도 시민으로서의 삶을 이야기하는 것이고 그것의 근본은 동료들과 잘 지내는 것이니 제2권 전체가 넓은 의미의 '우정'에 관한 것이라 해도 무방할 것이다. 다시 말해서 소크라테스가 중요하게 여긴 우정은 전적으로 사적인 개인들 사이의 관계가 아니라 우정을 중심으로 연결되는 폴리스 시민의 삶을 가리킨다.

제3권에서는 1장부터 7장까지가 정치와 명예에 관한 이야기이고, 8장에서는 아리스팁포스와의 대화가 다시 한 번 나오는데, 제2권 1장의 대화 내용과 크게 다르지 않다. 9장은 학습에 의해서 변하는 본성에 대해서 이야기한다.

제4권은 여덟 장으로 구성되어 있는데 공적인 것에 관련되어 있다. 1장은 인간과 인간사, 2장은 다스림, 즉 "왕도의 기술", 3장과 4장은 분별력, 신적인 것에 대한 존중, 또는 나라의 법을 따르는 것에 대해 논의한다. 1장과 2장에서 다루는 것들을 묶으면 폴리스의 법에 따라 행위하는 것이 된다. 따라서 이 네 개 장의 공통 주제는 법이라 할 수 있다. 5장은 훌륭한 실무자의 기본에 대해 논의한다. 6장에서는 토론에 능해지는 방법, 개별적인 주제의 본질을 분석하는 방법을 다룬다. 이것도 대화와 마찬가지다. 다시 말해서 5, 6장은 대화와 토론에 대해 다룬다. 6장에 주목할 만한 부분이 하나 있다. "소크라테스는 호메로스가 오뒷세우스를 '확실한 언변가'라고 칭찬했다며, 그것은 오뒷세우스가 하나의 일반적으로 인정된 진리에서 출발하여 다른 진리를 향해 논의를 이끌어 갈 줄 알았기 때문이라고 했다"(4.6.15). 이는 소크라테스가 대화하는 가장 기본적인 방법을 밝혀 준 것이다. 그는 일반적으로 사람들이 받아들이는 것에서 시작하여 진리를 탐구한다는 것이다.

제4권 7장은 제자들이 자신들에게 적합한 활동을 독립적으로 할 수 있게 하려고 소크라테스가 노력했다는 점을 말하고 있다. 그리고 마지막 8장에서는 소크라테스의 고결한 죽음에 대해서 다루고 있다. 크세노폰은 먼저 소크라테스에 대한 자신의 평가를 이야기한다. "첫째, 소크라테스의 나이는 설령 그때 죽지 않았어도 머지않아 죽을 나이였다. 둘째, 소크라테스는 누구나 사고력이 쇠퇴하여 살아가기 힘겨운 인생의 시기를 피하고, 대신 정직하고 솔직하고 고결하게 자기 변론을 하고 사형선고에 더없이 태연하고 남자답게 참고 견디는 가운데 자신의 정신력을 보여 줌으로써 추가로 명성을 얻었다"(4.8.1). 이어서 소크라테스가 남긴 말을 전한다. "소크라테스 선생님이 맨 먼저 하신 말씀은 이런 것이었소. '자네는 내가 그러기 위해 평생을 준비하고 있었다고 생각하지 않는가?' 그래서 어떻게 준비했냐고 내가 묻자 그분이 말씀하기를 자기는 오직 올바른 것과 불의한 것을 검토하고 올바른 것을 행하고 불의한 것을 멀리하는 일에 한평생을 바쳤는데, 자기는 이것이야말로 변론을 위한 최선의 준비라고 생각한다고 했소"(4.8.4). 소크라테스는 자신이 평생에 걸쳐 한 일 자체가 변론을 위한 최선의 준비였음을, 즉 인생이 변론이라 생각했다는 것이다. 그리고 자신을 목격하고 자신에게 가르침을 받은 사람들이 자신을 위해 증언할 것임을 알고 있었다고 한다. "내가 보기에 후세 사람들은 불의를 행했느냐 당했느냐에 따라 고인들을 다르게 판단할 걸세. 나는 또 내가 지금 죽는다 해도 사람들은 나를 기억하겠지만, 나를 죽인 자들을 기억하는 것과는 다르게 기억할 것임을 알고 있네. 나는 내가 누구에게도 결코 불의를 행하거나 누구를 타락시킨 적이 없고, 나와 함께하는 사람들을 더 훌륭하게 만들려고 늘 노력했다고 그들이 언제나 나를 위해 증언해 줄 것임을 알고 있네"(4.8.10).

지금까지 제1권을 제외하고 《소크라테스 회상록》을 전반적으로 살펴보았다. 크세노폰은 소크라테스가 재판에서 펼쳐 보인 논변에 관해서는 관심을 가지고 있지 않다. 그것은 그가 쓴 《소크라테스의 변론》에 밝혀져 있다. "물론 소크라테스도, 그를 위해 변론하는 친구들도 분명 이보다 더 많은 말을 했을 것이다. 하지만 나는 재판에 관해 세세히 보고하는 데는 관심이 없고, 그 때 소크라테스는 무엇보다도 자신이 신들에게 불경하지 않고 인간들에게 불의하지 않다는 인상을 주려고 최대한 노력하면서도 배심원들에게 목숨을 구걸해서는 안 된다고 생각했음을 밝히는 것으로 만족한다. 오히려 소크라테스는 이제 자기가 죽을 때가 되었다고 믿었다"(22). 여기서 크세노폰이 전해 주는 변론의 주요 쟁점들은 첫째, 소크라테스가 신들에게 불경하지 않았다, 둘째, 인간에게 불의하지 않았다, 셋째, 배심원에게 목숨을 구걸하지 않았다, 이 세 가지다. 이것은 플라톤의 《소크라테스의 변론》과 대조해서 나중에 다시 살펴보겠지만 여기서 차이를 하나 지적해 두자면 플라톤의 대화편에서는 '다른 신을 들여왔다'는 내용이 중요한 쟁점으로 거론되고 있다. 이는 소크라테스의 신념 체계를 검토하는 데 있어 중요한 사안이 될 것이다.

앞서 말했듯이 《소크라테스 회상록》 제1권 1장은 총론이고, 2장부터 7장까지는 고발된 사항들에 대한 반박 사례들이다. 크세노폰은 소크라테스를 고발한 이들이 제시한 내용이 다음과 같다고 기록한다. "소크라테스는 첫째, 나라에서 믿는 신들을 믿지 않고 그와는 다른 새로운 신적 존재들을 들여옴으로써 둘째, 젊은이들을 타락시키는 불법 행위를 저질렀다는 것이다"(1.1.1). 그런데 크세노폰은 소크라테스가 다른 신적 존재들을 들여온 것이 그리 중요한 쟁점은 아니라고 보았다. "먼저 소크라테스가 나라에서 믿는 신들을 믿지 않는다는 첫 번째 죄목과 관련해 그들은 어떤 증거를 제시했을까? (…) 아닌 게 아니라 자기는 어떤 신적 존재의 지시를 받는다고 소크라테스가 주장한 것은 널리 알려진 사실이다. (…) 그러나 그는 새점이나 사람이 하는 말이나 전조나 제물로 길흉을 점치는 사람보다 더 특별한 것은 아무것도 들여온 적이 없다"(1.1.2~3).

소크라테스가 다른 신을 들여왔다는 것은 그리 중요한 사태가 아니고 아테나이의 다른 사람들과 크게 다르지 않았으며, 인간사에 전적으로 관심을 가졌으니 신적인 것에는 신경을 쓰지 않았으리라는 것이다. 크세노폰은 단정적으로 이렇게 말한다. "소크라테스는 그런 문제에 전념하는 자들을 그렇게 비판했다. 하지만 그 자신은 언제나 인간사에 관해 담론하며, 경건이란 무엇이며 불경이란 무엇인가, 아름다움이란 무엇이며 추함이란 무엇인가, 정의란 무엇이며 불의란 무엇인가, 절제란 무엇이고 광기란 무엇인가, 용기란 무엇이며 비겁이란 무엇인가, 국가는 무엇이고 정치가란 무엇인가, 정부는 무엇이며 통치자란 무엇인가, 그 밖에 그가 보기에 그것을 아는 자는 진실로 훌륭한 사람이고 모르는 자는 노예라고 불리어 마땅한 다른 주제를 탐구했다"(1.1.16). 이 서술을 보면 소크라테스는 초월적인 것에 대해서 묻기는 한다. 그러나 그것도 항상 인간사에 관련된 것에 국한되어 있다. 자연철학자들처럼 우주의 본질 등은 탐구하지 않았다는 것이다.

소크라테스가 젊은이들을 타락시켰다는 것에 대해서도 단호하게 반박한다. "소크라테스가 젊은이들을 타락시킨다는 말에 설득된 사람들이 있었다는 것 또한 놀랍다. (…) 우선 성욕과 식욕에 관한 한 가장 자제력이 강한 사람이었다. 그 다음 그는 추위와 더위와 온갖 노고를 가장 잘 참고 견뎠다"(1.2.1). 소크라테스의 자제력은 그의 제자들에게도 영향을 미쳤다. 심지어 악한이라는 평판을 받았던 "크리티아스와 알키비아데스도 소크라테스와 함께 하는 동안에는 그의 도움으로 저급한 욕구를 억제할 수 있었다"(1.2.24). 그러니 그가 젊은이들을 타락시켰다는 것은 결코 수긍할 수 없는 고발이었다.

4장

체제의 정당성을 묻는 '이념 혁명'
플라톤 《소크라테스의 변론》

지금까지 우리는 플라톤의 대화편《소크라테스의 변론》을 읽기 위하여 예비적인 독서를 한 것이다. 먼저 아리스토텔레스의《정치학》을 참조하여 헬라스 세계의 고유한 체제인 폴리스에 대해 개념적으로 파악하였다. 그 폴리스들이 같은 헬라스 사람이라는 의식을 가지고 서로 협력하면서도 싸움을 벌이던 사태를 이해하기 위해 투퀴디데스의《펠로폰네소스 전쟁사》와 크세노폰의《헬레니카》를 읽었다. 소크라테스는 헬라스 세계가 페르시아와 전쟁을 벌이던 시기, 아테나이가 라케다이몬에 패배한 시기 모두를 살았다. 그리고 그 시기에 플라톤은 소크라테스의 젊은 제자였다. 크세노폰의《소크라테스 회상록》은 소크라테스가 어떤 사람인지를 우리에게 알려 주었다. 여기서 우리는 그가 공공 영역에서 중요하게 여긴 가치가 무엇이었는지, 그가 아테나이 시민들에게 강조했던 덕목이 무엇이었는지를 알 수 있었다.

    소크라테스의 재판은 아테나이의 법정에서 열렸지만 그의 최후에 대해서는 헬라스 세계 여기저기에 사는 사람들이 관심을 가지고 있었다. 그가 재판정에서 무엇을 말했는지, 그리고 그의 최후는 어떠했는지를 기록한 것은 역사적 문헌도 있지만 무엇보다도 플라톤의 대화편이 알려 주고 있다. 이것은 당연히 허구의 기록이다. 그러나 전적으로 허구는 아니다. 앞서도 말했듯이 플라톤이 자신의 생각을 소크라테스의 입을 빌려 이야기한 것일 수도 있다. 그러나 대화편은 단순히 한 사람의 재판과 최후를 기록한 것만은 아니다. 한 사람의 삶과 그가 살아간 시대, 그리고 그 두 사람이 몸담고 있었던 체제에 관한 통찰의 기록이기도 하다.

《소크라테스의 변론》은 그리 길지 않은 대화편이다. 이 대화편은 "저는 알지 못합니다"로 시작해서 "신을 빼고는 모두에게 불명한 일입니다"로 끝난다. 시작과 끝 모두가 '모른다'이다. 정말 소크라테스는 뭘 모르는 사람일까? 그건 아닐 것이다. 오히려 이것은 삶에 대한 그의 겸손을 드러내는 말로 이해해야 할 것이다. 처음의 '알지 못하는 것'은 아테나이의 법정에서 재판을 어떻게 하는지, 변론을 어떤 식으로 해야 하는지를 잘 모른다는 것이고, 막상 재판을 하는 동안에는 자신의 삶에서 줄곧 지켜 오던 신념 체계와 삶의 방식에 대해 강력한 논변을 전개한다. 신을 빼고는 아무도 모를 것이라는 마지막 말은 '정말 모르겠다, 신은 아시겠지'라는 함축을 가지고 있기보다는 '나는 신에게 부끄럽지 않게 살았다, 신께서는 나를 알아 주실 것이다'라는 의미를 강하게 풍긴다. 좀 과장해서 읽는다면 '너희들은 나를 재판할 자격이 없다, 나는 신게 이 판단을 맡긴다'는 뜻을 가지고 있다고 할 수 있다. 이처럼 처음부터 끝까지 소크라테스는 강한 확신 속에서 자신의 재판에 임했다.

《소크라테스의 변론》은 크게 세 부분으로 나뉜다. 첫째 부분에서는 소크라테스가 고발당한 내용에 대해 변론한다. 여기서 그는 고발 항목들 하나하나를 거론하며 그것이 얼마나 어이없는 고발인지를 논박한다. 그러한 반론은 그저 상대방을 깎아내리는 수동적인 것이 아니라 자신의 생각 그 자체를 적극적으로 개진하는 것이기도 하다. 둘째 부분은 자신에게 구형된 사형에 반대하여 벌금형을 제의하는 내용을 담고 있다. 마지막 부분에서 소크라테스는 자신에게 유죄를 표결한 이들과 무죄를 표결한 이들 각각에 대해 자신의 생각을 전하고 모두에게 당부의 말을 남기고 작별인사를 한다.

첫째 부분을 읽어 보자. 원고의 진술이 끝나고 피고의 자기 변론 차례가 되자 소크라테스는 재판관들을 "아테나이 인 여러분!"이라고 부르면서 변론을 시작한다. 장소는 법정이다. 따라서 '재판관(배심원) 여러분!'이라고 불러야 할 텐데 그는 그렇게 부르지 않고 있다. 그가 법정에 있는 이들을 '재판관'이라고 부르는 장면은 뒤에서(40a) 자신에게 무죄 표결한 이들을 부를 때뿐이다. 그들은 제대로 된 판결을 했다고 하여, 즉 진정한 재판관이라면서 그렇게 부르는 것이다. 그렇다면 장소가 법정인데도 소크라테스는 왜 재판관들을 재판관이라 부르지 않는가. 그건 그가 이 법정에서 재판을 받는 것은 인정하면서도, 즉 자신이 살고 있는 정치 체제의 법에 순응하면서도, 이 법정에서 자신의 신념에 대해 죄를 묻는 것은 용인할 수 없다는 미묘한 경계인의 태도를 취하고 있기 때문이다.

플라톤의《크리톤》을 참조한다면 사실 소크라테스가 이 재판을 받지 않아도 되는 절차가 있었다. 예비심사를 통해서 본심에 들어갈지의 여부를 결정할 수 있었던 것이다. 아뉘토스 측에서 고소한 내용에 따르면 중벌을 받을 게 확실한데, 형벌 중에 추방령이 있으니 그 전에 알아서 아테나이를 떠나면 이 재판은 열리지 않았으리라는 것이다. 게다가 이 재판에서도 사형을 구형했을 때 '사형은 심하다, 벌금을 많이 내겠다'고 하면 그렇게 될 수도 있었다는 것이다. 이처럼 소크라테스가 이 법정에 출석하지 않았을 수도 있었는데 출석했다는 것은 아테나이가 체제를 유지하기 위해서 작동시키는 기구들에 저항할 의도가 없었음을 뜻한다.

재판관들을 그렇게 부르고 나서 그는, 고소인들이 한 말을 듣고 재판관들의 심적 상태가 어떠했을지 알 수 없다고 말한다. "여러분께서 저의 고소인들로 말미암아 어떤 느낌의 상태에 있게 되셨는지 저는 알지 못합니다"(17a). 그리고 자신을 고소한 이들의 행동에서 치명적인 결점을 지적한다. 그것은 바로 그들이 "부끄러워하지 않는다는 것"이다. 처음부터 소크라테스는 그들을 이러한 사람으로 규정한다. 고발인들은 부끄러움을 모르기 때문에 진실을 전혀 말하지 않는다. 그들의 모든 잘못된 행동은 바로 이 수치심 결여에서 나온다. 반면에 소크라테스는 진실을 말하는 사람이다. "여러분께서는 저한테서 모든 진실을 들으시게 될 것입니다"(17b). 소크라테스가 자기 변론 첫머리에 내놓는 핵심은 이처럼 자신이 진실을 말한다는 것이다. 소크라테스가 밝히려 하는 진실은 도덕이 포함된 진실이고, 이는 부끄러움과 관련된 것이다. 이 부끄러움은 소크라테스가 자신을 고발한 이들에게 강하게 반론할 때 취하는 주제이다. 부끄러움은 좋은 것에 대한 보편적 욕구와 앎에 대한 자각을 불러일으키는 힘이기도 하다. 공명심이나 명예욕에서 생겨나는 굴욕감과는 다른 것이다. 자신을 고발한 이들에 대한 규정 두 가지, 즉 거짓말을 한다는 것과 부끄러움을 모른다는 것을 잘 기억해 두자.

소크라테스는 법정에 익숙한 사람이 아니다. "저는 처음으로 법정에 섰습니다. 나이 일흔이 되어서 말씀입니다. 따라서 저는 이곳의 말투에 대해서는 그야말로 생소합니다.[4-1] (…) 지금 여러분께 이를, 즉 말하는 방식에 대해서는 개의하지 마시기를 청하는 것은, 적어도 제가 생각하기로는 정당할 것 같군요."(17d~18a) 그가 법정 연설에 익숙하지 않은 것은, 표면적으로는 그가 다른 사람을 고발하거나 고발당해서 법정에 서 본 적이 없기 때문이겠으나, 다른 한편으로는 소피스테스가 아니라는 것을 의미하기도 한다. 소피스테스는 법정이나 민회에서 자신을 변론하는 방법을 가르쳐서 돈을 버는 이들이었기 때문에 그들에게는 진실과 거짓이 아닌, 변론의 승리와 패배가 결정적 기준이었다. 소피스테스는 말은 설득력 있게 하지만 진실은 말하지 않으며 부끄러움을 모른다.

아테나이에서는 공공 영역에서 뭔가 발언을 하려면 연설 형식을 취한다. 그리고 그것에 걸맞은 말투가 있다. 법정에 선 소크라테스는 일반적인 법정연설 방식을 사용하지 않겠다고 한다. 일반적인 수사학의 방식을 쓰지 않는다는 것이다. 이는 공공 영역에서 사적인 방식으로 발언한다는 것과 같다. 그는 사인으로 지내 왔기 때문이다. 그가 자신의 처지에 대해 말하면서 사인과 공인의 구분을 이용하는 것은 소크라테스의 정치적 입장과 관련하여 중요한 논점이므로 다시 거론된다. 또한 법정이 낯설다는 것은 자신이 아테나이 사람이지만 아테나이 사람이 아닌 사람처럼, 제3자의 입장에서 이야기하겠다는 의미일 수도 있다. 이는 아테나이 체제에 대한 그의 태도를 함축하고 있는 것이다. 이처럼 소크라테스가 법정이 생소하다고 말하는 것, 말하는 방식에 대해 양해를 구하는 것은 여러 겹의 의미를 가진다.

소크라테스는 자신을 고발한 사람들을 두 부류로 나눈다. "최초의 거짓된 고발과 최초의 고발인들"과 "나중의 고소와 나중의 고소인들"이 그것이다. 그는 앞의 사람들이 더 무서운 사람들이라고 생각한다. 그들은 거짓 소문을 퍼뜨린 사람들이고, 그 소문에 근거하여 나중의 고소가 생겨났기 때문이다. 최초의 고발인들의 주장은 이러하다. "소크라테스라는 한 현자가, 즉 하늘 높이 떠 있는 것들을 골똘히 생각하는 자이며, 지하의 온갖 걸 탐사하는 자가, 그리고 한결 약한(못한) 주장을 더 강한(나은) 주장으로 만드는 자가 있다는 것입니다"(18b). 소크라테스에 따르면 이 소문을 들은 사람들은 "이것들을 탐구하는 자들은 신들도 믿지 않는다고 생각"(18c)한다. 이렇게 해서 소크라테스에게는 이중의 고발인들이 있게 되었다. 그리고 소크라테스는 아테나이 시민들이 "오랜 기간에 걸쳐 갖게 된 이 선입관을 (…) 짧은 시간 안에 (…) 제거해야만"(19a) 한다. 이로써 그가 이 재판에서 내놓을 변론의 주된 내용을 알려 준다.

  오래된 소문이 선입관을 만들어 냈으며 바로 그걸 멜레토스가 믿고서 기소한 내용은 다음과 같다. "소크라테스는 죄를 지었으며 주제넘은 짓을 하고 있으니, 그건 땅 밑과 하늘에 있는 것들을 탐구하는가 하면, 한결 약한(못한) 주장을 더 강한(나은) 주장으로 만들며, 또한 바로 같은 이것들을 남들에게 가르치고 있어서입니다"(19b~c). 이러한 기소 내용에 대해 소크라테스는 분명히 말한다. "제가 만약 그것들을 알고 있었다면야, 저 자신도 어떻게든 자랑하며 뽐냈을 것입니다. 하지만 아테나이 인 여러분! 실은 그것들을 제가 알고 있지 못합니다"(20c). 소크라테스가 뭔가 아는 게 있기는 할 것이다. 그러나 고발인들이 주장한 내용은 알고 있지 않다고 분명히 말한다. 소크라테스는 자연에 대해 탐구하는 사람이 아니다. 또한 소피스테스처럼 진실이 아닌 주장의 강약을 조절하는 법을 가르치지 않는다. 그런데 소크라테스는 자신이 그렇게 오해받을 만한 것을 가지고 있었음을 이야기한다. 그게 무엇인지를 명확하게 해명하려 한다.

여기서 하나 더 유념해 두어야 할 것은 소크라테스에 대한 고소 내용 중에 '신들을 믿지 않는다'가 있다는 점이다. 이 문제는 그렇게 간단하지 않아서 뒤에서 다시 거론되겠지만 여기서는 일단, 소크라테스는 아테나이 사람들이 믿는 신들에 대한 제물 바치기를 소홀하게 하였는가, 아니면 아예 아테나이 사람들이 믿는 신을 믿지 않았는가, 아니면 자신만의 다른 신을 들여왔는가, 그가 '나도 신을 믿는다'고 말할 때 그 신은 과연 무엇인가, 이런 물음들이 제기될 수 있음을 지적해 두자.

소크라테스는 고발인들이 자신을 규정한 것에 맞서서 자신이 어떤 사람인지, 자신이 가진 앎이 무엇인지 말하려 한다. 소크라테스는 자신이 명성을 얻게 된 까닭을 알고 있기는 하다. 그것은 "어떤 지혜 (…) 인간적인 지혜"(20d)이다. 그런데 이게 무엇일까? 정말로 지혜이기나 한 것일까? 사람들에게 이런 의문이 들 만하기 때문에 그는 증인을 내세운다. 그 증인은 '델피의 신'이며 그 신의 말, 즉 '소크라테스보다 더 현명한 자는 없다'는 것을 전해 준 카이레폰이다. 왜 여기서 소크라테스는 카이레폰을 증인으로 호명한 것일까? 카이레폰에 대해 소크라테스는 다음과 같이 말한다. "이 사람은 젊었을 때부터 저의 동지이기도 했지만, 대중 여러분의 동지이기도 하였거니와 저번의 추방도 함께 당했다가 여러분과 함께 돌아왔죠"(20e~21a). 카이레폰은 소크라테스와 잘 아는 사람이다. 그러나 그는 403년에 30인 참주정을 몰아낸 민주파 사람들, 즉 "대중 여러분"의 동지이며, 참주정 당시에는 추방 당했던 사람이다. 다시 말해서 소크라테스에게 호감을 갖지 않은 이들의 동지이기도 하다는 것이다. 소크라테스가 카이레폰을 증인으로 거론한 것은 그만큼 자신에게 유리한 정파의 사람이 아닐 수도 있기 때문이다.

  소크라테스는 자신이 지혜를 가지고 있다는 델피의 신탁을 전해 듣고 정말 그러한지를 알고 싶었다. 그래서 지혜롭다고 알려진 이들을 찾아가서 그것을 검증해 보려 한다. 그가 첫 번째로 찾아간 이는 정치인들 중의 한 사람이다. 그는 고발인 중의 한 사람인 아뉘토스로 짐작된다. 소크라테스는 그를 만나 보고 나서 마음속으로 이렇게 생각하였다. "이 사람은 자기가 실은 알지도 못하면서 대단한 걸 알고 있는 것으로 생각하고 있지만, 나야, 사실상 내가 알지 못하듯, 알고 있다는 생각도 하지 않기 때문이지. (…) 내가 알지 못하는 것들은 내가 알고 있다고 생각하지도 않는다는 이 사실로 해서, 내가 더 현명한 것 같아"(21d). 그 정치가는 자신이 뭔가를 알지 못한 상태이면서도 알고 있다고 착각을 하고 있는 반면, 소크라테스 자신은 모르는 것은 '모른다', 아는 것은 '안다'고 분명히 구별할 줄 안다는 것이다. 이것은 특정한 것에 대한 앎을 가지기에 앞서 자신의 앎의 상태 자체에 대한 앎을 가지고 있는 것이 중요함을 힘주어 말하고 있는 것이다. 또한 사람들 사이에서 앎을 가지고 있다는 평판이 널리 퍼져 있다고 해서 그가 진정으로 앎을 가지고 있지는 않더라는 것이다. 그래서 소크라테스는 이런 결론을 내렸다. "가장 평판이 좋은 자들이 거의가 가장 모자라는 자들인 반면에, 이들보다는 한결 못한 걸로 여겨지고 있는 다른 사람들이 분별이 있다는 점에 있어서는 더 나은 이들이라 여겨졌습니다"(22a).

    소크라테스가 다음으로 찾아간 이는 비극 시인들과 디튀람보스 시인들이었다. 그런데 시인들은 지혜를 가지고 있지 않았다. 소크라테스는 시인들이 어떻게 시를 짓는지를 알게 되었다. "이들은 자기들이 짓는 시들을 지혜에 의해 짓는 것이 아니라, 어떤 소질에 의해서, 그리고 마치 예언자들이나 신탁의 대답을 들려주는 사람들처럼, 영감을 얻은 상태에서 짓게 되는 것이라는 걸 말씀입니다"(22b). 소질에 의해서 시를 짓는다면 자신들이 말하는 것들에 대해서 아무것도 알지 못함을 뜻한다. 게다가 그들은 자신들이 시를 짓는다는 것만으로 자신들이 지혜롭다고 착각하고 있었다.

소크라테스가 마지막으로 찾아간 이들은 공장들이었다. 그들도 착각에 빠져 있기는 마찬가지였다. "이들 각자는 제 기술을 훌륭히 발휘할 수 있다고 해서, 가장 중대한 다른 일들에 있어서도 자신이 가장 현명한 것으로 여기더군요"(22d). 그들은 그저 특정한 영역에 해당하는 앎만을 가지고 있을 뿐이었는데도 모든 것을 알고 있다 여기고 있었던 것이다.

이들을 만나 본 소크라테스는 앎 자체에 대해 깊이 있게 반성한다. 특정한 영역에 대한 앎이 되었든 일반적인 것에 관한 앎이 되었든 어떤 것을 안다는 것보다 더 중요한 것은 앎 자체를 어떻게 볼 것인가 하는 근본적인 차원부터 생각해 보아야 함을 깨닫게 된 것이다. "지금의 저 자신처럼 있는 쪽을, 즉 결코 그들의 지혜에 있어서 지혜롭지도 않지만 그들의 무지에 있어서 무지하지도 않은 쪽을 받아들일 것인지, 아니면 그들이 처하여 있는 양쪽 다를 받아들일 것인지를 말씀입니다"(22e). 소크라테스의 고민은 달리 말하면 이러하다. 그가 '내 자신이 지혜롭지 않다는 것, 즉 무지하다는 것을 분명히 알고 있음'을 받아들이거나 아니면 '저들처럼 특정 영역에 대해서는 앎을 가지고 있지만 동시에 다른 영역에 대해서는 앎을 가지고 있지 않음을 모르는 상태'를 선택해야 한다는 것이다. 앎에 대해서는 세 가지 태도가 가능하다. 하나는 전적으로 무지한 것이다. 이는 세상의 어떤 것에 대해서도 알지 못하는 것이다. 다른 하나는 자신이 어디까지를 알고 있고 어디부터는 무지한지를 아는 것이다. 이는 달리 말하면 무지의 지이다. 마지막은 뭔가 아는 것이 있기는 한데, 모르는 것이 무엇인지는 모르는 상태이다. 소크라테스는 두번째 경우를 선택하겠다고 한 것이다. 무지의 무지가 최악이다. 차라리 전적으로 무지한 것이 낫다. 앞에서 시인과 정치가와 장인들을 만나러 다녔는데 이 사람들은 무지의 무지 상태에 있다. 소크라테스가 "인간적인 지혜"를 가지고 있다는 것은 그가 지혜로워지려고 노력하는 자, 지혜를 사랑하는 자, 무지를 아는 자, 자신의 무지를 모르는 자와 대립하는 자, 인간을 넘어서는 자가 아닌 인간이 이를 수 있는 최상의 상태에 있는 자임을 의미할 것이다.

플라톤에 따르면 철학은 놀라움에서 시작한다. "놀라워하는 것, 이것이야말로 그대가 철학자임을 보여 준다. 놀라움만이 철학의 시초이기 때문이다"(《테아이테토스》, 155d). 자신이 무지하다는 것을 알게 되면 놀란다. 그에 이어지는 심정 상태는 '낯설게 느낌'일 것이다. 내가 지금까지 알았다고 여겼던 것이 정말 알고 있던 게 아니었다는 생각이다. 무지의 무지는 오만함이다. 무지를 낯설게 느끼지 않고 거들떠보지 않는 것이다. 무지의 지라고 하는 소크라테스의 태도는 일종의 경건함일 것이다.

이러한 입장에 서서 소크라테스는 사람들과의 대화를 시도한다. 그는 상대가 어떤 것을 알고 있는지를 묻기보다는 알고 있는 것과 모르는 것을 분명히 구별할 것부터 요구한다. 이러한 요구가 바로 "캐물음"(22e)이다. 이 캐물음에서 소크라테스에 대한 증오가 생겨났다. 증오라고까지 말하는 건 좀 심하지 않을까 싶지만 당시 사람들의 심정을 좀 들여다보면 납득이 되는 측면도 있다. 자신이 뭔가를 좀 알고 있고 그것으로부터 명성을 얻었다고 자부하는 사람에게 누군가 자꾸 '정말 알고 있는 것인가'를 묻는다면 짜증도 나고 심하면 증오심도 생겨나지 않겠는가. 캐물음은 겸손할 것을 촉구하는 것이다. 무지를 깨닫기를 촉구하는 것이다. 그런데 여기서 소크라테스가 사람들에게 증오를 불러일으킬 만한 게 하나 더 있는 듯하다.

소크라테스가 지혜롭다는 것은 이를테면 이런 말로써 신이 알려 준 것이다. "인간들이여! 그대들 중에서 이 사람이, 즉 누구든 소크라테스처럼, 지혜와 관련해서는 자신이 진실로 보잘것없다는 사실을 깨달은 자가 가장 지혜로운 자이니라"(23b). 여기서 소크라테스는 자신이 신의 사명을 받았다는 식으로 말을 한다. 그래서 자신이 "보기에 그 사람이 지혜롭지 못한 것으로 여겨지는 때에는, 저는 그 신을 도와 그가 지혜롭지 못하다는 것을 지적해 줍니다. 그리고 이 분주함으로 해서 이렇다 할 만한 나라 일이나 집안일을 돌볼 겨를도 저에게는 없었고, 오히려 신에 대한 이 봉사로 해서 저는 지독하게 가난한 신세가 되었습니다"(23b). 캐묻기도 짜증나는 일인데 그걸 신에 대한 봉사로 정당화하였으니 사람들에게 미움을 받을 여지가 충분하다 하겠다. 더 나아가 소크라테스는 신에 대한 이러한 봉사를 자신의 사명으로 삼아 일체의 생업도 제쳐두고 있다. 그는 이 일을 통해 그 어떤 이득도 얻지 않음을 분명히 밝혀 보인다. 다시 말해서 자신이 하는 일에 대해 어떠한 대가도 바라지 않는 것이다. 이로써 그는 자신의 활동이 편익을 위한 것이라는 비난을 차단하였다. 캐묻기는 또한 어떤 지적인 활동도 아니다. 그것은 아테나이 사람들에게 신념 체계와 삶의 방식을 근본적으로 전환할 것을 요구하기 위한 바탕 다지기 활동이다.

소크라테스가 하는 일의 핵심은 신에 대한 봉사로서 사람들에게 캐묻는 것이다. 그것에서 파생되는 것으로는 "젊은이들을 타락"(23d)시키는 것이 있다. 그러나 소크라테스가 보기에 그건 그저 젊은이들이 자신을 흉내내고 있는 것에 지나지 않는다. 어쨌든 소크라테스는 오랫동안 사람들에게 캐묻기를 해 왔으며 그것을 정치가, 시인, 장인, 법률가 집단에게도 해 왔는데 그들을 대신해서, 즉 멜레토스는 시인을 대신해서, 제혁업자이자 민주파의 지도자였던 아뉘토스는 장인들과 정치인들을 대신해서, 그리고 뤼콘은 변론가들을 대신해서 소크라테스를 고발한 것이다.

소크라테스에 대한 "선서 진술서"의 내용은 이렇다. "소크라테스는 젊은이들을 타락시키고, 나라가 믿는 신들을 믿지 않고, 다른 새로운 영적인 것들을 믿음으로써 죄를 범하고 있다"(24b). 고발 내용은 젊은이들을 타락시키는 것, 나라가 믿는 신들을 믿지 않는다는 것, 다른 새로운 영적인 것들을 믿는다는 것, 이렇게 세 가지로 볼 수도 있고, 신에 관한 것을 하나로 묶어서 두 가지로 볼 수도 있겠다.

    소크라테스는 이 기소 내용을 하나하나 검토해 나간다. 젊은이들을 타락시키고 있다는 것에 대해 소크라테스는 멜레토스와 논박을 주고받는다. 그걸 정리해 보면 이렇다.

소크라테스: 누가 더 젊은이들을 낫게 만드는가?

멜레토스: 법률이다.

소크라테스: 법률을 아는 사람은 누구인가?

멜레토스: 재판관들이다.

소크라테스: 모두가 그러한가?

멜레토스: 그렇다.

소크라테스: 나를 제외하고는 모두가 젊은이들을 훌륭하게 만든다는 것인가. 나만 젊은이들을 타락시킨다는 것인가. 그런데 너는 젊은이들에게 신경을 쓰지 않는 듯하다. 너는 내가 나쁜 짓을 고의로 하고 있다고 생각해서 나를 고발했다. 내가 나쁜 짓을 하고 있다면 나를 타일러 깨달음을 주어야지 고발할 일은 아니지 않은가. 그게 젊은이를 위하는 일인가. 그렇다면 나를 제외한 모든 이가 젊은이를 위한다는 말은

틀린 말 아닌가.

소크라테스는 자신이 본의 아니게 그렇게 하고 있다 해도 그런 경우 해야 할 일은 잘못한 사람을 법정으로 끌고 올 게 아니라, 참으로 젊은이들을 위하는 마음이 있다면 붙잡고 훈계를 해야 할 것이라고 주장한다. 그러니 정말로 잘못한 이는 자신을 고발한 멜레토스라는 것이다. "법은 처벌이 필요한 사람들을 이리로 이끌고 오는 것이지 깨달음이 필요한 사람들을 이끌고 오는 것이 아니오."(26a).

소크라테스는 젊은이들을 타락시킨다는 것에 대해 어렵지 않게 논박한 다음, 신들을 믿는 문제[4-2]로 들어간다. 이 부분은 주의 깊게 읽을 필요가 있다. 그는 멜레토스에게 정확하게 무엇을 주장하고 싶은지를 다시 묻는다. "나라가 믿는 바로 그 신들은 어쨌든 아닌 다른 신들을, 그러니까 다른 신들을 믿는다는 이 문제로 그대가 나에 대한 기소를 한 것인지, 아니면 나 자신이 전적으로 신들을 믿지도 않지만 남들한테도 이를 가르치고 있다는 게 그대가 주장하는 것인지를 말이오." 이렇게 묻자 멜레토스는 "선생께선 전혀 신들을 믿지 않는다는 것을 말하고 있습니다"(26c)라고 한다. 선서 진술서와는 달리 소크라테스가 무신론자라고 하는 것이다. 멜레토스는 소크라테스를 무신론자로 규정함으로써 그가 아테나이의 전통에서 벗어났음을 증명하려고 한다.

이에 대해서 소크라테스는 어떻게 대답하는가. 먼저 그는 자신이 무신론자가 아니라고 분명히 말한다. 그런데 자신이 신을 믿기는 하지만 그 신이 나라가 믿는 신인지 아닌지에 대해서는 확정적으로 말하지 않는다. 그는 이렇게 말한다. "영적인 것들이 있는 건 믿으면서, 영들의 있음은 믿지 않는 사람이 있소? (…) 내가 영적인 것들을 믿는다면, 내가 영들 또한 믿을 것임은 아마도 다분히 필연적일 것이오. (…) 그러니까 그대가 말하듯, 내가 정녕 영들을 믿는다면, 그리고 영들이 일종의 신들이라면, 이게 곧 그대가 수수께끼 식으로 말을 하며 농을 하고 있다고 내가 말하는 점일 것이오"(27c~d). 그는 자신이 "영적인 것들"을 믿으므로 "영들" 또한 믿는다고 간주해야 한다고 주장하고 있는 것이다. 그 둘이 다른 것이라면, 그리고 "영들"은 나라가 믿는 것이라면, 소크라테스는 '나라가 믿는 신들을 믿지 않고, 다른 새로운 영적인 것들을 믿음으로써 죄를 범하고 있다'는 것에 해당한다. 그런데 소크라테스는 자신이 믿는 것이 어떤 종류의 것인지를 분명히 밝히지 않고 신을 믿고 있으니 된 거 아니냐면서 넘어가려 한다. 멜레토스는 선서 진술서에 쓴 것과 달리 소크라테스가 무신론자라고 주장하고 있기는 하지만 소크라테스는 아예 무신론자인지에 대해서는 더 이상 해명하지 않은 채 "멜레토스의 기소와 관련되는 한 제가 죄를 짓지 않았다는 데 대해서는 많은 변론이 요구되는 것이 아니고, 이로써도 충분한 것으로 제게는 생각"(28a)된다고 마무리를 짓는다. 그러고 나서 곧바로 "많은 사람의 비방과 시기"로 주의를 돌린다. 그렇다 해도 쟁점은 남아 있다. 소크라테스가 신에 대한 봉사로서 캐묻기를 하고 있는데 이 신은 과연 어떤 종류의 것인가 하는 점이 그것이다.

디오게네스 라에르티오스가 기록한 것에 따르면 소크라테스는 "다른 새로운 영적인 것들을 도입"한 것으로 되어 있다. 소크라테스가 들여왔다(또는 플라톤에 따르면 '믿는다')고 여겨지는 "영적인 것들"과 "영들"은 같은 것인가? 그렇지는 않은 듯하다. 그가 주장하는 것은 아테나이 사람들이 전통적으로 믿어 오던 신과 다른 듯하다. 에우튀프론도 그렇게 말한다. "알겠습니다, 소크라테스 님! 그건 다름이 아니라 선생님께서 영적인 것이 수시로 자신에게 나타난다고 말씀하시기 때문입니다"(《에우튀프론》, 3b).

그렇다면 소크라테스는 어떤 신에게 봉사하고 있는가. 그는 아테나이 사람들이 제물을 바치면서 숭배하고 은혜를 간구하는 신을 믿지 않았다. 그 신을 믿는 것은 신의 절대적 명령을 받아들이는 것이 아니라 인간과 신 사이에 거래를 하는 것이다. 그는 영적인 것이라고 하는 추상적인 것에 복종하였다. 이는 소크라테스가 그 명령에 따르는 삶을 어떻게 살아갔는지에서 확인할 수 있다. 일단은 '캐물음'이 그 행위 중의 하나라는 것만 기억해 두자. 그가 따르는 영적인 것은 전혀 은총을 주지 않는다. 분명히 아테나이 전통의 영들과는 다르다.

소크라테스가 믿는 신이 어떤 것이든 그는 신의 명령에 따른 삶을 실천하고 있다. 사실상 우리가 어떤 사람의 신념 체계를 알고자 한다면 가장 좋은 방법은 그의 삶의 방식을 검토하는 것이다. 극단적인 예를 들어 보자면, 어떤 사람이 본래는 악한 사람인데 착한 척하며 누가 봐도 착한 일만 한다고 해 보자. 그리고 그가 죽을 때까지 그렇게 착한 척해서 결국 착한 삶을 살았다고 한다면, 그는 악한 사람인가 착한 사람인가. 착한 사람이라 해야 할 것이다. 그의 본성을 우리가 들여다볼 수 없고 그의 삶의 행적과 겪음을 통해서 확인할 수밖에 없으니 그러하다. 따라서 우리가 소크라테스가 어떤 사람인지, 또 그가 어떤 신을 믿는지는 그가 살아가는 방식, 그 신의 명령에 따라 어떻게 살았는지를 살펴보면 될 것이다.

소크라테스는 "신이 저로 하여금 지혜를 사랑하며(철학하며) 또한 저 자신과 남들을 캐물어 들어가면서 살아야만 한다고 (…) 지시하였"(28e)다고 한다. 그런데 그는 이것을 자신이 참전했던 포테이다이아, 암피폴리스, 델리온의 전투에서 겪은 상황을 비유로 들어 말한다. "어떤 사람이 어디든 가장 좋다고 생각해서 스스로 자신의 위치를 잡게 되거나 또는 지휘관에 의해 위치를 정해 받게 된다면, 제 생각으로는, 이곳에 머물면서 위험을 무릅써야만 합니다"(28d). 지휘관이 위치를 정해 주듯이 신이 자신에게 위치를 정해 주었다는 것이다. 그러니 이는 절대로 어길 수가 없다. 자신이 그 위치를 지킴으로써 어떤 대가를 받는 것이 아니라 그저 충실히 지키는 것이 전부인 일이다. 세상은 목숨이 오가는 전쟁터와 다를 바 없으며 신의 명령은 절대적으로 지켜져야 하는 것이다.

신은 소크라테스에게 두 가지를 지시[4-3]했다. 하나는 지혜를 사랑할 것, 다른 하나는 자신과 남들을 캐물어 들어가면서 살 것. 이 둘을 실천함으로써 소크라테스가 어떤 대가를 얻는 것은 아니다. 그는 그저 경건해질 수 있을 뿐이다. 그가 이어서 말하듯이, 그는 죽음이 어떤 것인지도 모르고 죽음 이후의 삶에 대해서도 잘 알지 못한다. 그가 신의 명령에 복종한다고 해서 뭔가를 신으로부터 얻을 수 있다는 보장이 없다. 그는 지휘관의 명령에 따르듯이 그것을 행할 뿐이다. 그런 까닭에 누군가가 "더 이상 이 탐구에 종사하지도 않으며, 지혜를 사랑하지(철학하지)도 않는다는 조건"(29c)으로 그를 무죄 방면해 준다면 그것에 응할 수가 없다. 그는 단호하게 말한다. "저는 여러분보다는 오히려 신께 복종할 것입니다. 그리고 제가 살아 있는 동안은 그리고 할 수 있는 동안까지는, 지혜를 사랑하는(철학하는) 것도, 여러분께 충고를 하는 것도, 그리고 언제고 여러분 가운데 누구든 만나게 되는 사람한테 이 점을 지적하는 것도 그만두지 않을 것입니다"(29d).

이러한 태도를 가진 소크라테스를 불경죄로 사형에 처해야 하는가. 아테나이는 개인의 신념을 형벌로써 다스리는 체제였는가. 민주 정체는 다수가 원하는 것을 올바른 것으로 규정한다. 그러나 다수가 원하는 것은 사실일 뿐이며, 그 사실이 반드시 옳은 것은 아니다. 다수가 원하는 것이라 해도 올바르지 않은 것은 얼마든지 있다. 다수가 나쁜 짓을 떼 지어 원했던 사태는 역사에 차고 넘친다. 소크라테스는 바로 그 부분을 겨냥한다.

    소크라테스에게는 신의 명령 말고는 중요한 것이 아무것도 없다. 이제 그는 훌륭한 도덕적 실천가를 넘어선다. 그러니 그는 아테나이 시민들에게 거침없이 충고한다. "보십시오! 그대는 가장 위대하고 지혜와 힘으로 가장 이름난 나라인 아테나이의 시민이면서, 그대에게 재물은 최대한으로 많아지도록 마음 쓰면서, 또한 명성과 명예에 대해서도 그러면서, 슬기와 진리에 대해서는 그리고 자신의 혼이 최대한 훌륭해지도록 하는 데 대해서는 마음을 쓰지도 않고 생각도 하지 않는 것을 부끄러워하지 않습니까?"(29d~e). 그가 대비시키는 것들이 아주 뚜렷하다. 펠로폰네소스 전쟁 시기 아테나이 사람들에 대해 살펴보면서 우리는 그들 중 일부가 재물에 대한 탐욕에 열광하였음을 알았다. 그들은 그 탐욕을 충족시키기 위해 전쟁을 벌였으며, 그들의 민주 정체는 그것을 극대화시키는 방향으로 작동했었다. 소크라테스의 지적은 그저 청렴하고 고고한 도덕주의자의 상투적인 지탄이 아니다. 자신이 눈으로 목격한 사태에 대한 강력한 비판이다. 그가 일부 아테나이 시민들에게 촉구한 것은 혼을 돌보라는 것이다. 그렇게 하기 위해 그는 "질문을 하며 캐묻고 심문"(29e)한다. 이것이 그가 행하는 신에 대한 봉사이다. 이는 "자신들의 혼이 최선의 상태가 되도록 혼에 대해서 마음 쓰는 것에 앞서 또는 그만큼 열성적으로 몸에 대해서도 재물에 대해서도 마음 쓰는 일이 없도록 설득하는 일 이외의 아무것도 아니기 때문"(30a~b)이다.

　　이제 소크라테스가 사람들에게 캐묻기를 하는 까닭이 분명해졌다. 그의 말에 따르면 그것은 신의 명령이다. 그러나 그것은 소크라테스 자신이 당대의 사람들을 겪으면서 알게 된 것에서 기인한 것이기도 하다. 그가 보기에 아테나이 사람들 중 일부는 "혼이 최대한 훌륭해지도록 하는 데 대해서는 마음을 쓰지도 않고 생각도 하지 않는 것을 부끄러워하지 않"고 있었던 것이다. 간단히 말해서 그들은 '부끄러움'을 모르고 있었다. 이것을 일깨우는 것이 자신의 사명이라고 결심했던 것이다. 그러면 그는 어떤 식으로 이를 수행하는가.

　　소크라테스는 자신이 사람들에게 영혼을 돌보라고 깨우치는 일을 '개인적으로' 한다[4-4]고 말한다. "제가 개인적으로는 돌아다니면서 이런 것들로 조언하고 참견도 하면서, 공적으로 여러분의 대중 집회에 등단해서 나라에 조언을 하려 들지는 않는다는 사실이 아마도 이상한 일로 여겨질 수도 있을 것입니다"(31c). 그는 자신에게 "일종의 신적인 것이며 영적인 것"이 나타난다고 하면서 이것은 자신이 "하려고 하는 일을 하지 말도록 말리지, 결코 적극적인 권유를 하는 일은 없"(31d)었다고 한다. 다시 말해서 그는 자신이 하는 일을 사적인 차원에서 하였지 공적으로 하지는 않았다는 것이다. 공적으로 대중 집회에 등단하여 나라에 조언을 하지 않는다는 것은 정치적 행위를 하지 않는다는 말이다. "공적으로"라는 말은 '대중을 상대로 한다'는 말의 함축과 같다. 대중 집회에 등단해서 떠드는 소피스테스는 나라에 조언을 할 뿐만 아니라 연설을 한다. 연설을 하는 사람들은 정치를 하는 사람들이면서 소피스테스다. 따라서 플라톤과 소크라테스가 소피스테스를 경멸했다는 것은 말만 번지르르한 사람을 경멸한 것이 아니라 정치가를 경멸했다는 뜻이 된다. 얼핏 보면 소크라테스와 플라톤에게는 정치 혐오가 있다. 그렇지만 이를, 그들이 정치에 전혀 관여하지 않았다는 것으로 이해해서는 안 된다. 그들은 당대의 정치에 어떤 문제가 있다는 것을 알아차렸고 그것을 고쳐야 한다고 생각했기 때문이다. 정치를 혐오하지만 그것을 외면한 것이 아니다. 물론 플라톤과 소크라테스가 관여한 방식에는 차이가 있다. 지금 소크라테스의 발언을 보면 소크라테스는 개인적으로 조언하면서 관여하는 반면, 플라톤은 널리 알려져 있듯이 아테나이 교외에 아카데메이아를 세워 사람들을 가르쳤다.

    왜 소크라테스는 개인적으로 조언하는 방식으로 정치에 관여했을까, 아니 그가 정치에 관여하기는 한 걸까? 그는 정치에 관여하기보다는 아테나이 사람의 영혼을 돌보는 일을 촉구하면서 더욱 근본적인 것에 관여한 것은 아닐까? 그렇다 해도 그가 정치적 상황 자체를 전혀 모르는 상태였다고 할 수는 없다. 그의 영혼 돌보기는 당대의 상황에 대한 명확한 파악에서 나온 처방이기 때문이다. 그가 정치에 관여하지 않은 까닭은 이러하다. "올바른 것을 위해 정말로 싸우려는 사람은, 그리고도 그가 잠깐이나마 살아남으려면, 그는 반드시 사인으로 지내되 공인으로는 지내질 않아야 되니까요"(32a). 사인으로 지내면서 자신의 신념에 합치하는 행위를 하겠다는 것이며, 그런 신념이 공적인 자리에서 연설을 하지 않는 것으로 표출된 것이다. 연설을 하게 되면 누군가의 편을 들어야 한다. 법정 연설은 더욱 그렇다. 그러기에 이 재판에서도 그는 아테나이 시민들을 향하여 말하고 자신이 법정에 익숙한 사람이 아니라고 한다. 올바름을 늘 말할 수 있으려면 특정 당파에 속해 있어서는 안 된다. 당파의 이익에 복무하게 되기 때문이다. 이는 반정치, 정치 혐오가 아니라 불편부당한 진리의 입장을 취하기 위해서이다.

사인으로 지내는 까닭을 말하면서 소크라테스는 자신이 협의회 의원이 되었던 경험을 이야기한다. 우리가 크세노폰의 《헬레니카》에서 읽었던 바로 그 장군들의 재판에 관한 사건이다. 소크라테스는 정확하게 "그때 협의회의 업무를 관장하던 부족 사람들 가운데서는 저 혼자서만 여러분께서 법률에 어긋나는 그어떤 것도 하지 말도록 반대했으며, 또한 반대 투표까지 했"(32b)

다고 한다. "그래서 연설가들은 저를 고발하고 체포할 태세였고, 여러분 또한 그리 하도록 촉구하며 고함을 질러 댔지만, 제가 구금이나 죽음을 두려워하여, 올바르지 못한 결정을 내리려는 여러분 편이 되느니보다는 오히려 법과 올바른 것의 편이 되어 온갖 위험을 무릅써야만 한다고 저는 생각했습니다"(32b~c). 소크라테스에 따르면 이것은 나라가 "민주 체제였을 때의 일"(32c)이었다.

또 다른 사례는 30인 참주정 시기에는 자신을 민주파로 연루시키려는 시도가 있었다는 것이다. 여기서 소크라테스는 "그 누구에게도 올바른 것에 어긋나는 것은 결코 동의해 준 적이 없는 사람으로서"(33a) 분명히 말한다. "저에게 죽음은 조금도 관심거리가 되지 않고, 그 어떤 올바르지 못한 짓도 그 어떤 불경한 짓도 행하지 않는 것, 이것이 전적으로 관심거리가 된다는 것을 저는 말로써가 아니라 행동으로써 또 다시 보여 주었습니다"(32d). 아테나이는 전쟁의 격변 속에서 그리고 패배의 혼란 속에서 정치 체제가 계속 바뀌었다. 그런 까닭에 어떤 정파에 가담하는지는 올바름의 기준이 아니었다. 특정 정파에 가담하는 것은 공인의 입장에서 그 정파에 동조하는 것이어서, 그 정파가 올바르지 못한 것을 주장할 때에도 반대할 수 없게 된다. 따라서 소크라테스가 사인의 입장을 고집한 것은 공인으로서의 법적 책임보다 더 근본적인 부끄러움을 짊어지기 위해서였다. 그는 정치를 혐오한 것도 아니요, 민주정도 참주정도 찬성하거나 반대한 것이 아니라 올바름을 지키려고 했던 것이다. 그것이 정치적인 입장보다 중요하다고 판단했다.

소크라테스가 신의 명령을 이행하기 위해서 했던 일들은 고독한 가운데 혼자서 했던 것이 아니다. 소크라테스는 자신을 지지하는 사람들을 거론한다. 그들은 법정에 와 있었다. 당연히 그들은 소크라테스가 젊은이들을 타락시켰다는 것에도 동의하지 않을 것이다. 이들을 거론함으로써 소크라테스의 일차 변론은 끝났다. 선서 진술서의 내용을 반박했을 뿐만 아니라 자신의 신념 체계와 그것에 따른 삶의 방식과 목적까지 남김없이 펼쳐 놓은 것이다. 이제 남은 것은 재판 절차에 따라 유무죄를 평결하고 그 평결이 유죄라면 형벌을 정하는 것뿐이다. 여기서 소크라테스는 자신을 위해 재판관들의 동정을 살 수도 있을 것이나 단호하게 그것을 거절한다. "그러니 아테나이 인 여러분! 여러분께선 제가 그와 같은 짓들을, 즉 제가 아름답다고도 올바르다고도 그리고 경건하다고도 생각지 않는 짓들을 여러분 앞에서 제가 해야만 할 것으로 생각하지는 마십시오"(35c).

소크라테스에 대한 평결은 유죄가 내려졌다. 디오게네스 라에르티오스에 따르면 유죄 쪽은 281표였다고 한다. 그러나 소크라테스는 30표만 부족하였다고 말하니 투표 결과는 280:220으로 추정할 수 있다. 이것을 보면 압도적 다수가 유죄에 표결한 것은 아니었다. 소크라테스가 자기 편에 대해 거론한 것을 참고

하면 그의 신념 체계와 삶의 방식에 전적으로 동의하지는 않아도 우호적인 사람이 있었음을 알 수 있다. 즉 재판관들이 소크라테스의 주장에 상당한 정도로 이미 동의하고 있었거나, 아니면 그의 변론에 의해 설득된 것이라 할 수 있겠다. 아테나이 법에 따르면 경솔한 고소를 막기 위해 원고가 총 투표수의 5분의 1을 얻지 못하면 1000드라크메의 벌금을 문다. 이 재판에서는 세 명이 고소하였는데, 그들이 얻은 표가 280표이므로 1인당 100표가 안 된다. 한 명이 고소했으면 500명의 5분의1인 100표를 얻지 못한 셈이고 그에 따라 소크라테스는 무죄가 되었을 수도 있다.

이제 남은 절차는, 법에 의해 형량이 정해진 법정형 소송이 아닌, 법정에서 형량이 결정되는 불경죄 소송이기 때문에 원고 측 대표인 멜레토스가 사형을 제의하고 그에 이어 소크라테스가 반대 제의로 벌금형을 제시하면서 발언하는 일이다. 소크라테스는 아테나이 시민들에게 되묻는다. "제가 무엇을 형벌로서 받거나 갚는 게 마땅합니까? (…) 그러니 제가 그런 사람으로서 무엇을 받아 마땅합니까?"(36b~36d). 원문은 한 문장으로 되어 있고 각각의 내용을 '~ 했으니'로 연결한 이 발언에서 그는 일생을 통해 조용히 지내지 못했다는 것, 대중 연설가 노릇을 하지 않았고, 돈벌이와 집안 살림, 관직과 정치적 결사, 당파에 무관심했다는 것, 시민들 각자가 자기 자신에게 마음 쓰는 일에만 관여했다는 것이 죄가 된다면, 그리고 자신이 지나치게 올곧다고 생각하고,

이득이 되는 일이 아닌 잘되게 해 주는 일에 끼어들고, 각자 자신이 지혜로워지고 훌륭해지는 일에 마음 쓰도록, 나라 자체에 마음 쓰도록 다른 것들에 대해서도 똑같은 방식으로 행한 것, 그것이 죄라면 어떤 형벌을 받아야 하느냐고 역설적으로 묻고 있다. 이러한 것들은 사실 전혀 죄가 되지 않는다. 사형을 받는다는 것은 더욱이나 안 될 일이다. 그런데 지금 고발인들은 그를 사형시켜야 한다고 한다. 죄가 아닌데 사형이라니 억울한 마음이 가득하겠지만 소크라테스는 자신의 신념을 다시 한번 천명한다. "캐묻지 않은 삶은 사람에게는 살 가치가 없는 것"(38a)이라고.

     소크라테스는 벌금형을 제의하였다. 추방령을 제안하면 목숨에 대한 애착이 대단한 것으로 간주될 것이요, 다른 나라에 가서도 입을 다물고 지낼 수가 없으니 그런 것이다. 그러나 재판관들은 고발인들의 제의를 받아들여 사형을 확정하였다. 디오게네스 라에르티오스에 따르면 유죄 판결이 난 뒤 사형을 요구한 고소인들에 동조 투표한 사람의 수가 80표 증가하였다고 한다. 소크라테스의 태도가 오만하다고 여긴 사람이 늘어났다고 판단할 수 있겠다. 그러나 소크라테스는 그러한 것들에 개의치 않고 자신을 사형시키는 데 표결한 이들에게 먼저 최후 진술을 한다. 그가 이해하기에 그가 사형을 받은 까닭은 "말이 부족해서가 아니라, 뻔뻔스러움과 몰염치가 부족해서이며 (…) 여러분이 듣기에 가장 기분 좋을 그런 것들을 여러분한테 말하고 싶어하는 열

의가 부족해서"이다(38d). 그러면서도 그는 질타를 아끼지 않는다. 자신은 "굼뜨고 늙어서 한결 굼뜬 것한테 붙잡혔지만 (…) 고소인들은 영리하고 민첩한 탓으로 한결 잽싼 것, 즉 못됨한테 붙들렸습니다. 그래서 저는 지금 여러분에 의해 죽음의 판결을 받고 떠납니다만, 저들은 진리에 의하여 사악과 불의의 심판을 받았습니다"(39b). 여기서 소크라테스는 법정에서 나올 만한 말을 하지 않는다. 그는 이제 자신이 진리의 소유자라고 선언한다. 그를 고발한 이들은 정파에 따른 반대자들이 아니라 진리의 대적자들이라고 선언하고 있는 것이다. 그러니 그들에게 끔찍한 예언도 서슴없이 할 수가 있다. "저의 죽음 다음에는 여러분이 저를 죽게 한 처벌보다도 단연코 훨씬 더 가혹한 처벌이 여러분한테 곧 닥칠 것이라는 걸 말씀드립니다"(39c).

    소크라테스는 자신에게 무죄 투표한 이들만을 "재판관"이라 부른다. 이 법정에서 그가 처음으로 재판관이라는 말을 사용한 것이다. 그가 보기에는 그들만이 올바른 사람들이기에 그러하다. "실은 여러분을 재판관들이라 부르는 것이 옳게 부르는 것일테니까요"(40a). 이들에게 소크라테스는 법정에서 마지막 말을 남기기 시작한다. 이것은 어떤 성격을 가진 것일까? 사적인 삶을 살아 온 소크라테스가 공적인 자리에서 남기는 이 말을 어떻게 규정해야 할까? 재판관들에게 남기는 것이니 공적인 유언인가, 아니면 그가 여전히 사적인 사람으로서 말하는 것이니 그저 사적인 소회에 불과한 것일까? 소크라테스는 죽은 다음에 저승에 가서도 "이곳 사람들한테 했듯, 그곳 사람들 가운데서 '누가 지혜롭고 또 누가 스스로는 지혜롭다고 생각하지만 사실은 그렇지 않은지' 그들에게 캐묻고 시험을 하면서 지내"(41b)려 한다고 말한다. 우리의 삶은 죽음 이후에도 여전히 캐물음에서 벗어날 수 없음을 함축하는 것이다. 우리가 죽은 다음에 저승에 가서 그러할지는 알 수 없지만 우리 뒤에 남은 사람들은 죽은 우리가 어떠한 사람이었는지를 캐물을 것이 틀림없기 때문이다.

소크라테스는 저승에 가서 오뒷세우스와 시쉬포스에게 뭔가를 캐묻겠다고 말한다. 그가 이 두 사람을 지목한 것에는 의미가 있다. 오뒷세우스는 꾀가 많은 사람으로 널리 알려져 있으니 그가 올바름을 지키며 살아갔다고 말하기는 어렵다. 소크라테스가 여기서 특히 염두에 두고 있는 사건은 트로이아 전쟁에서 죽은 아킬레우스의 갑옷을 두고 아이아스와 벌인 다툼일 것이다. 아이아스는 트로이아 전쟁에 참가한 헬라스의 장수들 중에서 아킬레우스에 버금가는 용맹한 이였다. 그는 전사한 아킬레우스의 갑옷이 자기 차지가 될 것이라 생각하였으나 그것이 '꾀가 많은' 오뒷세우스[4-5]에게 가자 정신없이 가축들을 도살하였고, 그것에 대한 부끄러움을 견디지 못하고 자살하였다.

코린토스를 세운 왕 시쉬포스는 신들에게도 거리낌없이 교활한 꾀를 써서 속이기도 하였다. 자신의 죽음을 두고 지하 세계의 신들을 속인 죄로 우리에게 잘 알려진 벌을 받는다. 바윗돌을 산꼭대기까지 굴려서 올려도 그 돌과 함께 다시 아래로 굴러 떨어지기를 영원히 반복하는 벌이 그것이다. 이 경우 소크라테스는 살아서 저지른 잘못이 죽은 다음에도 이어진다는 것을 암시했다고 할 수 있다. 그러니 소크라테스는 자신 있게 말할 것이다. "이 한 가지는 진실이라고 생각해야만 하고요. 즉 선량한 사람에게는, 그가 살아서나 죽어서나 간에 그 어떤 나쁜 일도 없으며, 또한 이 사람의 일들을 신들이 소홀히 하지도 않는다는 것 말입니다"(41c~d).

마지막으로 소크라테스는 현세의 법정에서 자신의 이념의 초월적 근거를 선포한다. "하지만 이제는 떠날 시간입니다. 저에게는 죽으러, 여러분한테는 살아가려 떠날 시간 말입니다. 그러나 우리 중에서 어느 편이 더 나은 쪽으로 가게 될지는, 신을 빼고는 모두에게 불명한 일입니다"(42a). 신만이 알고 있는 것이다. 신만이 아는 것, 그것은 사실 소크라테스도 알고 있는 것, 올바름은 이승에서의 삶이나 저승에서의 삶 모두에 한결같이 관철되는 이념이라는 것이다.

아테나이 사람들은 오랜 시간에 걸쳐 사회 혁명과 정치 혁명의 난관을 이겨 내고 마침내 민주 정체를 성취하였다. 그것은 더 많은 사람들을 시민으로 만들어 주었고 시민들은 폴리스의 주인이라는 자부심을 가지게 되었다. 그러나 소크라테스에 따르면 아테나이 시민들의 삶은 '쾌락이라는 참주'에게 굴복한 것이다. 민주 정체에서 산다고 해서 곧바로 올바른 삶을 살고 있는 것은 아니다. 시민들의 생활양식이 올바름을 지향해야만 '더 많은 이의 더 나은 삶'이라고 하는 민주 정체의 탁월함이 참으로 실현될 것이다. 달리 말해서 민주 정체가 그저 하나의 정치적 의사결정 방식이 아닌, 만민의 평등과 행복이라는 민주주의 이념을 실현하는 매개로서 완성되기 위한 필수적 조건은 바로 올바름인 것이다.

흔히 소크라테스가 '악법도 법'이라 했다고들 하는데 실제로 그런 말을 하지 않았을 뿐 아니라 그는, 악법이 법으로 통용되는 체제는 올바름이라는 이념을 바탕으로 근본부터 뜯어고쳐야 한다고 주장했다. 소크라테스는 자신이 살고 있던 체제의 법을 충실히 지켰다. 그는 민주 정체의 합법성을 받아들여 그것에 따라 법정에서 재판을 받았다. 그러나 그는 바로 그 법정에서 그 체제의 정당성, 즉 그 체제가 목숨을 걸고 지킬 만한 가치가 있는지, 시민들은 탐욕을 충족시키려는 조직 폭력배에 불과한 건 아닌지를 매몰차게 물었다. 어떤 정체에 살고 있는지보다 훨씬 더, 아니 다른 차원에서 중요한 것이 바로 올바름이다. 이 올바름에 대한 철저한 촉구 때문에 미묘한 경계인이었던 소크라테스는 체제 정당성에 대한 급진적 이념 혁명가가 된다.

5장

소크라테스와 플라톤의 정치적 지향
플라톤 《메넥세노스》

우리는《소크라테스의 변론》에서 소크라테스가 공적인 자리에서 남긴 마지막 말을 읽었다. 그런데 플라톤은 이것으로 끝을 맺지 않았다. 죽은 소크라테스를 되살려, 아테나이가 어떤 나라였어야 했는지를 다시금 말하게 한다. 이에 대한 대화편이《메넥세노스》다.

플라톤의 대화편들은 아주 단순화해서 말하면 '아테나이 체제가 어떻게 하면 이상적인 곳이 될 것인가'라는 주제를 놓고 전개된다. 하나의 핵심 주제가 이러하고 그것에 부수적으로 연결된 작은 주제들이 아주 많이 논의되는 것이다. 따라서 우리가《메넥세노스》하나만을 소크라테스와 플라톤의 정치적 지향에 관한 대화편이라고 말하는 것은 올바른 판단이 아니다. 당장 플라톤의 주저로 간주되는《정체》나 가장 많은 분량을 차지하는《법률》은 각각 '이상 국가론'과 '차선의 국가론'으로 간주되기 때문이다. 그런데 플라톤(과 소크라테스)이 현실정치와의 연관을 분명히 드러내면서 아테나이가 어떠했어야 했는가를 보여 주는 대화편은《메넥세노스》라 할 수 있다. 여기서 플라톤은 펠로폰네소스 전쟁에서 페리클레스가 행했던 추도식 연설에 대한 일종의 대체 연설문[5-1]을 작성하면서 그 시기 아테나이의 역사와 여러 전투들의 의미를 다시 살펴본다. 이것은 페리클레스의 입장에 서서 기록을 남긴 투퀴디데스에 대한 반론이면서, 플라톤이 중요하게 여긴 가치를 현실 역사에 투영시켜 '역사 다시 쓰기'를 시도한 것이다. 이렇게 함으로써 아테나이 민주정을 세운 이들인 테미스토클레스, 밀티아데스, 그리고 페리클레스 등이 아테나이 사람들을 훌륭한 시민으로 이끄는 데에는 실패했음을 구체적으로 지적하고 있다. 그러한 비판의 핵심에는, 우리가 《소크라테스의 변론》에서 보았듯이 아테나이 시민들이 지난 역사 속에서 혼이 훌륭해지지 못했고 오히려 쾌락에 사로잡혔다는 판단이 있을 것이다. 따라서 《메넥세노스》는 혼을 훌륭하게 하기는커녕 오히려 타락으로 끌고 가는 체제에 대한 근본적인 문제 제기로서 쓰인 대화편이며 그런 점에서 조금은 추상적으로 보이는, 소크라테스의 이념이 천명된 《소크라테스의 변론》의 후기로서 읽기에 모자람이 없는 텍스트라 할 것이다.

《메넥세노스》 대화의 배경 시기는 소크라테스가 죽은 다음, 안탈키다스 평화조약이 체결된 서기전 386년 직후, 즉 플라톤이 마흔 살 정도였을 무렵으로 추정된다. 소크라테스는 서기전 399년에 죽었다. 코린토스 전쟁이 끝나고 십삼 년 후다. 이 대화편의 도입부는 '소크라테스와 메넥세노스의 만남'이다. 소크라테스의 임종을 지키기도 했던 제자 메넥세노스가 전몰자 추도 연설자 선발이 미뤄지고 있다고 걱정하자, 그를 만난 소크라테스가 그러한 연설문은 많이 있으니 걱정하지 말라고 한다. 그러자 메넥세노스가 소크라테스가 연설을 하면 어떻겠느냐 제안하고, 소크라테스는 자신이 직접 연설을 할 수는 없으나 이미 준비된 것을 가지고 있다고 한다. 그것은 아스파시아가 준비한 또 다른 추도사였다. 페리클레스가 전몰자 추도식에서 연설했던 것은 우리가 《펠로폰네소스 전쟁사》에서 읽은 바와 같다. 그런데 플라톤은 여기서 아스파시아가 페리클레스에게 주었던 그 연설문 말고 다른 것이 있었다는 상황을 설정하고 그것을 소크라테스가 메넥세노스에게 전해 주는 것으로 대화편을 시작하는 것이다. 다시 말해서 페리클레스가 지금 이것으로 연설할 수도 있었음을 가정하는 것이다. 전몰자 추도 연설은 공적인 것인데, 여기서도 소크라테스는 공적인 자리에 나서서 연설을 하지 않겠다면서 메넥세노스에게 사적으로 연설문만을 전달하고 있다.

소크라테스가 메넥세노스에게 전해 준 추도사는 크게 네 부분으로 나뉜다. 전몰자들에 대한 찬양, 후손들에 대한 당부, 부모들에 대한 당부, 부모와 자식들에 대한 나라의 보살핌이다. 추도 연설의 일반적인 형식을 잘 지키고 있다. 추도사를 다 들은 메넥세노스는 소크라테스에게 고마워하면서 대화편이 끝난다.

그러면 이제 몇 가지 논점들에 유의하면서 대화편을 읽

어 보기로 하자. 소크라테스가 메넥세노스에게 "아고라에서 오는 길인가 아니면 어디서?"라고 묻자 메넥세노스는 "아고라의 협의회 회관에섭니다. 소크라테스 님!"이라 대답하고 다시 소크라테스가 "협의회 회관에는 특별히 무슨 일이라도 있어서였는가? 혹시 자네가 교육과 철학(지혜사랑)을 끝낼 단계에 이르렀다고, 그리고 자신이 더 큰 일들[5-2]로 관심을 옮길 뜻을 갖기에 족한 걸로 생각을 하고 있는 게 명백한 건가? (…) 그대의 집안이 우리를 돌보는 누군가를 제공하지 못하게 되는 일이 없도록 하려는가?"(234a~b)라고 물으면서 대화편이 시작된다. 메넥세노스가 아고라의 협의회에 드나드는 것은 그가 정치를 하겠다는 뜻을 표명한 것으로 판단할 수 있는 행위다. 그래서 소크라테스는 그의 "집안이 우리를 돌보는 누군가", 즉 정치가를 배출하게 하려는 의도에서 그도 정치에 나서려는 것이냐고 묻고 있는 것이다. 소크라테스는 자신의 제자가 정치가가 되는 것에 대해 부정적인 인식을 가지고 있었다. 왜 정치에 나서는 게 문제되는가. 우리가 《소크라테스의 변론》에서 충분히 보았듯이 정치는 사적인 입장이 아닌 공적인 당파에 속하는 것이고 그렇게 함으로써 올바른 삶에서 멀어지기 십상이었다. 이를 짐작하고 있는 듯 메넥세노스의 대답도 조심스럽다. "그야 선생님께서 허락하시고 다스리도록 조언해 주신다면야, 힘써 볼 것입니다. 그래 주시지 않는다면, 그러지 않을 거고요"(234b). 일단 이렇게 정치에 관한 태도를 잠정적으로나

마 정해 둔 다음 두 사람은 전몰자 추도식 연설에 관한 대화로 들어선다.

앞서 말한 것처럼 소크라테스는 메넥세노스와 "둘뿐"(236d)이니까 그에게 아스파시아가 작성했다는 다른 종류의 연설문을 들려준다. 추도식 연설은 관례처럼 전사자들에 대한 찬양으로 시작한다. 이 부분에는 조상에 대한 찬양도 포함된다. 소크라테스가 전해 주는 연설문에는 유족들에 대한 위로가 많은 부분을 차지한다. 페리클레스의 그것과는 대조된다. 그에 이어 조상에 대한 찬양도 상당 부분을 차지하며 내용도 구체적이고 상세하다. 특히 자신들이 살고 있는 체제에 관한 언급을 주목할 필요가 있다. "조상들이 이렇게 태어나서 교육을 받고서는 나라 체제를 갖추고서 거주했으니, 이에 대해 간략히 언급하는 게 옳습니다. 나라 체제는 인간들의 생활양식[5-3]이어서, 아름다운 나라 체제는 훌륭한 인간들의 생활양식이지만, 그 반대의 것은 나쁜 인간들의 그것입니다"(238c). 여기서 소크라테스는 나라 체제가 생활양식이라고 한다. 그런 까닭에 나라 체제가 어떤가에 따라 사람들이 어떤 종류의 생활양식에서 살아가는지가 규정된다고 할 수 있다. 아테나이는 아름다운 체제를 갖춘 나라이므로 선조들도 전몰자들도 훌륭한 인간들이다. 그에 이어서 아테나이의 나라 체제에 관한 규정이 제시된다.

"그때도 지금도 같은 이 나라 체제는 최선자[들의] 정체였는데, 이 나라 체제로 지금도 그리고 그때부터 대체로 늘 나라 관리를 해 왔습니다. 그러나 어떤 이는 이를 민주 정체로 일컫지만, 누군가는, 자기 좋을 대로, 다른 이름으로 부르나, 다수자의 시인을 동반한 진실에 있어서 최선자[들의] 정체입니다. (…) 대개는 대중이 나라를 통제하지만, 관직과 권력은 언제나 최선자들로 판단되는 이들에게 부여하며, 다른 나라들의 경우에서처럼, 허약함으로 해서도, 가난으로 해서도, 또는 아버지들의 무명함으로 해서도 아무도 배제되는 일이 없으며, 그 반대의 경우들로 해서 존경받지도 않습니다. (…) 동등한 출생이 우리로 하여금 자연스럽게 법적인 평등을 추구하지 않을 수 없도록 하며, [사람으로서의] 훌륭함과 지혜의 평판 이외의 다른 어떤 것에 의해서도 서로 간에 복종하는 일이 없도록 합니다"(238c~239a). 그가 보기에 아테나이 체제는 최선자들이 다스린다는 점에서는 과두 정체의 면모를 가지고 있지만, 그 최선자들을 다수가 인정해야 한다는 점에서는 민주 정체의 면모도 가지고 있다. 다시 말해서 과두 정체냐 민주 정체냐로 딱 나눌 수 있는 정체가 아닌 것이다. 아테나이가 민주 정체의 폴리스라 해서 나라의 모든 일을 시민들이 해결하는 것은 아니다. "대중이 나라를 통제하지만, 관직과 권력은 언제나 최선자들로 판단되는 이들에게 부여"하는 것, 즉 선출 권력을 통하는 것이 그 나라가 작동하는 방식인 것이다. 그리고 그 바탕에는 "법적인 평등"이 놓여 있다. 이 정체가 작동하는 데 있어서 가장 중요한 것은 최선자를 골라내는 일이 될 것이다. 이처럼 플라톤의 대화편《메넥세노스》는 이 정체가 어떤 방식으로 운영되는지를 정확하게 보여 준다. 또한 플라톤이《정체》에서 지혜로운 통치자들을 교육시켜야 한다고 주장하는 것이 이 정체의 운영방식과 상충되지 않으리라는 것도 짐작할 수 있게 한다.

연설은 선조들에 대한 찬양에 이어서 페르시아 전쟁과 펠로폰네소스 전쟁을 언급한다. 플라톤의 '역사 다시 쓰기'는 특히 이 부분에 집중되고 있다. 페르시아 전쟁에서 기억해야 하는 것은 마라톤 전투와 살라미스 해전이다. 여기에서 승리한 이들은 "우리의 몸뿐만 아니라, 우리의 자유와 이 대륙에 있는 모든 이의 아버지들"(240e)이다. 여기서 우리는 "자유"라는 말에 주목해야 한다. 당시 헬라스 사람들은 페르시아의 침략에 맞서 싸운 것을 그들의 자유를 지켜 낸 것으로 이해했다는 것을 알 수 있기 때문이다. 외부의 침략에 대한 이러한 정당화가 헬라스 인들 공통의 인식이었음은 이어지는 내용에서 뒷받침된다. 연설은 "플라타이아에서의 위업"을 말하는데, 이를 "라케다이몬 인들과 아테나이 인들의 공동 위업"(241c)이라고 한다. 이러한 관점을 바탕으로 페르시아 전쟁을 정리한다. "이 전쟁은 모든 나라가 이민족들에 항거해서 자신들 및 같은 언어를 쓰는 다른 나라들을 위해서 치러 냈던 것입니다"(241e).

페르시아 전쟁이 이민족에 항거하여 헬라스 인들의 동족

애를 확인한 것이었다면, 이어지는 펠로폰네소스 전쟁은 전혀 다른 성격을 가지고 있는 것으로 규정된다. 페르시아 전쟁이 끝나고 평화가 찾아왔으나 이와 함께 명성을 얻게 된 아테나이에 대한 "부러움"과 "시기"도 생겨났으며 바로 "이 사태가 내켜 하지 않는 이 나라를 헬라스 인들과의 전쟁으로 몰아넣었"(242a)던 것이다. 연설은 분명히 헬라스 인들과의 전쟁을 못마땅하게 여기는 입장을 견지하고 있다. 펠로폰네소스 전쟁 초반까지만 해도 동족에 대한 증오는 없었다. 그것은 다음과 같은 서술에서도 분명히 나타난다. 참전한 사람들은 "동족을 상대로 싸워야만 하는 것은 승리하기까지이고, 한 나라에 대한 개별적인 분노로 헬라스 인들의 공익을 손상해서는 안 되지만, 이민족을 상대로는 파멸 때까지 싸워야만 한다고 생각"(242d)했기 때문이다. 그러나 "세 번째의 바라지 않는 끔찍한 전쟁"(242e), 즉 시켈리아 전쟁 시기부터는 사태가 전혀 다른 양상으로 전개되기 시작한다. 이때 이후 헬라스 세계가 분열되어 버린다. "제가 끔찍하고 바라지 않은 전쟁의 양상이 벌어졌다고 말한 것은 다음 것을 말합니다. 이 나라에 대해서 다른 헬라스 인들이 갖게 된 대결의식의 정도는 이런 것이라는 겁니다. 이들은 우리와 함께 공동으로 축출했던 가장 적대적인 대왕에게 메시지를 보내길 감행했는데, 이는 저들만을 위해서 대왕을, 헬라스 인들에 맞서는 이 이민족을 다시 데려오는 것이거니와, 이 나라에 대항해서 모든 헬라스 인들과 이민족들까지 결집한 것입니다"(243b).

아테나이와 맞서 싸우기 위해서 라케다이몬과 다른 헬라스 인들이 동맹을 맺은 것까지는 용인할 수 있겠지만 거기에 페르시아까지 불렀다는 것이 "끔찍하고 바라지 않은" 일이라는 것이다. 이 연설에서 펠로폰네소스 전쟁의 여러 전투들을 이야기하면서 가장 언짢아하는 부분이다. 소크라테스가 보기에 이제 전쟁은 아주 분명하게 동족끼리 서로를 죽이는 내전으로 전개된다. 그러나 이것은 결코 지속되어서는 안 되는 일이다. 사람들이 그렇게 싸우게 된 것은 "악의로 해서도 적의로 해서도 아니고 불운으로 해서"(244a)이기 때문이다. 이러한 화해를 바탕으로 평화로운 세계에서 살아가야 하는 것이 살아남은 자들의 의무일 것이다.

연설은 후손들에 대한 당부, 부모들에 대한 당부 등을 거쳐 끝을 향해 간다. 후손들에 대한 첫 번째 당부의 말은 '명예'이다. "아이들아, 너희가 용감한 아버지들의 아이들이라는 건 지금의 사실이 명시하고 있다. 우리로서는 명예롭지 못하게 살 수는 있지만, 오히려 명예롭게 죽는 쪽을 택한다." 둘째로 당부하는 것은 "용기"(246d)이다. 이 말은 전쟁터에서의 용맹함이라기보다는 고난을 이겨 내고 덕을 지키는 힘을 뜻한다. 부모들에 대한 당부는 "절제", "지혜", "용기"(248a)를 핵심으로 한다. 여기서 연설이 강조하는 것들은 얼핏 보기에 추상적인 덕목들이지만, 그것은 헬라스와 아테나이의 최근 역사에 대한 플라톤의 통찰에서 도출된 것들이며,《정체》에서 폴리스와 한 사람이 갖추어야 할 성질로서 강조되는 것들이기도 하다. 따라서《메넥세노스》가 제시한 추도식 연설은 소크라테스와 플라톤이 공유했던 순전한 이상이 아니라 현실에 기반을 둔 지향으로 간주할 수 있을 것이며, 이는 플라톤의 대화편《정체》를 읽는 중요한 맥락이 될 것이다.

주해

출간사 주해

1. 민주공화국

대한민국 헌법 제1조 제1항은 "대한민국은 민주공화국"이다. 19대 대통령 문재인이 2018년 3월 26일에 공고한 '대한민국 헌법 개정안'(대통령공고 제278호)에서도 제1조 1항은 이와 동일하다.

2021년 현재 제10호 헌법이 공포되어 있는데, 제헌 헌법 이후의 헌법 공포일은 다음과 같다.

제헌 헌법	1948년 7월 17일	(제1공화국 헌법)
1차 개헌	1952년 7월 7일	('발췌 개헌')
2차 개헌	1954년 11월 29일	('사사오입 개헌')
3차 개헌	1960년 6월 15일	(제2공화국 헌법, 1960년 4·19혁명의 성과)
4차 개헌	1960년 11월 29일	(3·15 부정선거에 관여한 반민주행위자의 처벌과 공민권 제한 등을 위한 소급입법에 의한 형사처벌 및 참정권과 재산권의 제한 근거 마련)
5차 개헌	1962년 12월 26일	(제3공화국 헌법, 1961년 5·16 군사쿠데타 이후 개정)
6차 개헌	1969년 10월 21일	('3선 개헌')
7차 개헌	1972년 12월 27일	(제4공화국 헌법, '유신 헌법')

8차 개헌　1980년 10월 27일(제5공화국 헌법, '유신 헌법'의 골격을 유지
하면서 부분적 변경)

9차 개헌　1987년 10월 29일(제6공화국 헌법, 1987년 6월 시민항쟁의 승
리 이후 대통령 직선제 개헌을 골자로 한 개정)

대개는 전면적인 개정이 이루어졌을 때를 기준으로 공화국을 구분한다. 이는 법률적 개념이라기보다는 역사적인 의미를 부여하기 위한 것이다. 일백 년도 안 된 대한민국 역사 속에서 이 공화국 구분들은 단순히 몇 글자로 표현할 수 없는 매서운 의미를 함축하고 있다.

2. 사상사적 방법

시대의 역사적 의미는 사상사적 고찰을 통하여 파악할 수 있는데, 이 고찰의 대상은 특정한 역사적 시기들에 전개된 인간 집단의 삶의 전반적인 모습과 여러 국면이다. 그 시대에 통용되었던 공통관념의 변천, 공통관념과 시대적 맥락의 상호작용, 공통관념이 정치적 사회적 과정에서 작동하는 방식, 아주 구체적으로는 시대의 삶을 규율하는 사회구조와 정치 체제가 그 대상이 될 것이다.

사상사는 본래 관념사(History of Ideas) 또는 개념사(Begriffsgeschichte)에서 시작하였다. 관념사 연구의 창시자로 간주되고 있는 이는 아서 러브조이Arthur Lovejoy다. 그의 《존재의 대연쇄: 관념사 연구》(The Great Chain of Being: A Study of the History of an Ideas, 1936)는 존재라고 하는 단위 관념(Unit Idea)을 연구하고 있다. 사상사에는 관념사나 개념사만이 아니라 교리사(History of Doctrine, Dogmengeschichte) 또는 학설사가 포함되기도 하는데,

이는 역사적 시대적 맥락을 탈각하고 추상도가 높은 체계나 교설 이론 자체의 변천을 고찰하는 것이다. 러브조이가 연구하는 단위 관념의 역사는 교리사 또는 학설사와도 겹치는 지점이 있다.

그 밖에도 정신사(Geistesgeschichte)가 사상사에 속한다는 견해가 있다. 이는 특정 시대의 정신적 전체 구조를 종합적으로 파악하고 역사적 추이를 검토하면서도 시대를 표상하는 사태, 즉 시대정신이나 사상事象이 집약된 계기에 집중하는 사상사이다. 정신사의 주요 주장은 빌헬름 딜타이Wilhelm Dilthey의《정신과학에서 역사적 세계의 건립》(Der Aufbau der geschichtlichen Welt in den Geisteswissenschaften, 1927)에서 읽을 수 있다. 딜타이는 문화 현상을 역사적인 생(Leben)의 표출이라고 보며, 이를 관통하는 정신의 작용연관을 전체적으로 파악함으로써 시대정신을 포괄적으로 이해하려고 한다. 이러한 이해를 위해서 그가 발전시킨 학문 영역이 해석학이다. 딜타이의 해석학 전반에 관해서는《해석학의 성립》(Die Entstehung der Hermeneutik, 1900)을 참조할 수 있다. 그런데 정신사에서 파악하려는 시대정신은 과학의 대상이라기보다는 역사형이상학이 논의하는 것이요, 이는 헤겔이 정립한 일종의 세속적 신학의 한 종류로 간주할 수 있다. 그의 역사형이상학은 대체로 다음 테제로 이루어져 있다. 1) 정신은 모든 것이다. 2) 고차적 존재로서 독자적 존재방식과 생명을 갖는 보편적 정신적 실체는 세계과정(Weltlauf)의 담지자이면서 인도자이며, 역사 과정에서는 '객관적 정신'으로 현현한다. 3) 역사 속의 개체들은 객관적 정신의 본질의 불완전한 각인이다. 4) 이성의 본질은 자유이고 역사의 궁극목적은 자유의 현존, 즉 자유의 자기실현이거니와, 그런 까닭에 세계사에 내재하는 근본법칙은 자유의식의 전진이다. 5) 하나의 통일된 세계정신이 역사적 상像(Bild)들을 관류하면서 진전한다. 6) 최종 성과만이 중요한 것이 아니다. 역사에서는 과정 자체가 본질적이다. 각 단계는 되풀이되지 않는, 정신의 고유한 상이다. 7) 세계정신이 스스로를 실현하는 데 사용하는 수단은 개체들의 열정(Leidenschaft)이다. 이것이 세계정신인 이성의 계략(List der Vernunft)이다. 8) 개체는 공통 정신의 의식으로 스스로를 고양시킴으로써 역사적으로 위대한 존재로 도야(Bildung)된다. 9) "역사는 변혁할 능력이 없는 것들을 탈락시킴으로써 비판을 수행한다. 역사는 세계심판(세계법정)이기도 하다".

3. 후대에 넘겨준

사상사 연구에서는 전승 또는 계수繼受의 방식이 중요한 계기를 차지한다. 니콜라이 하르트만Nicolai Hartmann은 《정신적 존재의 문제》(Das Problem des geistigen Seins, 1933)에서 '들어가서 뚫고 나옴'(Hineinragen)의 방식을 다음과 같이 정리하고 있다. 1) 소리 없이(stillschweigend) 들어가서 뚫고 나옴: 우리 속에 살아 있지만 이전의 것으로 느껴지지 않는 것. 풍속, 예식, 습관, 언어, 사고방식, 편견과 미신. 이러한 것들은 대상이 명시적으로 주어지지 않으나 사라지지도 않는다. 2) 분명히 들리게(vernehmlich) 들어가서 뚫고 나옴: '현재의 과거의식 안에 있는 지나간 것의 현재성'(das Gegenwärtigsein des Vergangenen im Vergangenheitsbewußtsein der Gegenwart), 과거에 대한 현재의 의식 속에 있는 과거의 현재성, '현재처럼 생생한 과거'로 의식된다. 기념비, 조각, 건축물 등으로써 상기하고자 하는 것. 라인하르트 코젤렉Reinhart Koselleck의 《지나간 미래들》(Vergangene Zukunft, 1979)을 참조(미래들은 잠재적인 복수複數의 형태로 과거에 침잠해 있으며, 현재는 잠정적으로 드러난 과거의 발현이며, 미발현된 과거는 사라지는 것이 아니라 미래의 형성과정에 관여한다는 것). '소리 없이 들어가서 뚫고 나옴'은 보존된 것이며, '분명히 들리게 들어가서 뚫고 나옴'은 낡은 것을 개조하고 그것을 합목적적으로 새로운 생활형식에 적응시키는 정신의 힘에 달려 있다. 여기에서는 '역사의 기억'이 작동하는데, 기억은 생기生起(Geschehen)가 역사로 전환되는 계기이다. 다시 말해서 기억이 작동하면서 생기가 성립成立(Entstehen)으로 변형되고 이것이 역사(Geschichte)로 정립되는 것이다.

4. 저작들

사상사가 주요하게 다루는(또는 주목해야만 하는) 저작들을 일반적으로 '고전'이라 부른다. 고전 텍스트에는 당대인들의 신념 체계와 삶의 방식이 응축되어 들어 있다. 이 체계와 방식은 지리적 조건과 그들의 관습, 가치, 선호, 집단의 구조와 성격, 정치 체제 등에서 형성된다. 고전 텍스트들은 당시에 그것을 읽는 사람들뿐만 아니라 그것을 이어받은 후대 사람들의 삶에도 영향을 미친다. 철학적 관상觀想은 신념 체계와 삶의 방식에 관한 사상사적 통찰 위에 구축되는데, 그 관상은 특수한 것들에 대한 앎에 관철되어 있는 보편적 원리를 찾으려고 하는 추상적 사유, 일종의 창발創發(emergence)이다. 텍스트는 인간 존재의 삶의 여러 국면, 즉 우리가 환경이라 부르는 것을 복합적으로 반영한다. 인간 존재는 무엇보다도 자연이라는 토대, 즉 지리적 조건과 물리적 조건 위에서 살아간다. 이 조건은 인간이라는 생물체의 존재 기반이다. 이 기반은 공간적인 것에 존립한다. 인간의 심적인 것 또는 정신적인 것은 비공간적인 것에 있다. 텍스트의 저자들은 이러한 공간적 정신적 조건들에 처해 있다. 그들이 아무리 자신들이 살고 있는 집단의 영향에서 벗어나 있다 해도 같은 시대의 인간 집단에 통용되는 공동타당성을 나눠 가진다. 따라서 텍스트를 읽는다는 것은 공동타당성을 실마리로 삼아 텍스트가 만들어진 공간적 비공간적 상황 속으로 들어가서, 텍스트에 중첩되어 있는 복합적 사유-체험을 그것들 각각이 자리잡고 있는 지리적 물리적 정신적 층위層位에 따라 검토하는 것이다. 공동타당성을 반영하고 있는 텍스트는 문명(civilization)의 산물이다. 사람들은 인류 역사상 물질적인 성취를 '문명'이라 말하고 정신적인 성취에 대해서는 '문화'라는 말을 사용하지만, 우리는 그러한 구분을 사용하지 않는다. 인간 집단이 역사적 과정에서 이룩한 모든 성취를, 물질적인 것과 정신적인 것을 구별하지 않고 지칭하기로 한다. 둘은 서로 맞물려 있으며, 분석적인 차원에서는 각각을 분리할 수 있겠지만, 그 부분들이 모여서 이루는 종합적 전체는 부분들의 속성으로 환원되지 않는, 그것 자체의 성질을 가지기 때문이다.

문명과 문화의 구분이 불필요하다는 것을 뒷받침하기 위해 대니얼 헤드릭Daniel Headrick의 《테크놀로지: 문명을 읽는 새로운 코드》(Technology: A World History, 2009)(김영태 옮김, 다른세상, 2016)에 제시된 문명 개념을 참조해 보자. "역사학자와 인류학자들이 사용하는 문명이라는 단어에는, 국가에 세금, 노동력, 공물을 바치고 지도자들에게 충성하는 구성원으로 이루어진 거대한 인간 집단이라는 뜻이 담겨 있다. (…) 문명은 사람을 비롯하여 기념비와 도시를 건설하고, 문자·수학·달력을 발명하며, 정교한 종교·문학·철학과 다른 형태의 문화를 창조하는 것까지를 포함한다". 기념비와 도시와 같은 물질적인 것뿐만 아니라 종교·문학·철학과 같은 문화도 넓은 의미의 문명에 포함되는 것을 알 수 있다. 여기서 '집단'으로 번역된 society는 흔히 '사회'로 옮겨지는데, 인간집단이나 공동체를 지칭하는 경우가 많다. society에 '단체, 협회'라는 뜻도 있는데, 그럴 때에는 '집단'의 의미를 강하게 함축한다. 도이치 어 Sozietät도 결사 단체, 군거群居 등을 가리키며, 명시적으로 사회를 가리키는 Gesellschaft, Gemeinschaft와 구별된다.

집단 구성원들이 세금을 내거나 노동력을 제공할 때 그것을 통제할 일정한 규범이 있어야 할 것이다. 또한 지도자들이 구성원들에게 충성을 강요하려면 일종의 정당성을 가지고 있어야 할 텐데, 그러한 정당성의 근거가 되는 이념도 문명에 포함되는 요소라 할 수 있다.

5. 시대 구분

인간은 홀로 살아가지 않고 집단을 이루어 생활하며, 이렇게 이루어진 인간 집단은 문명을 이룩한다. 역사는 인간 문명의 전개 과정을 서사로 설명해 나가는 것이라 할 수 있다. 역사는 과거에 일어났던 일들을 낱낱이 기록하는 연표 만들기 작업이 아니라, 특정한 시공간 속에서 인간의 집단 활동을 통해 형성된 문명을 이해하기 위한 서사인 것이다. 역사가들은 문명에 관철되고 있는 일종의 보편 원리가 전환되는 시기를 기준으로 시대를 구분한다. 물론 그 당시 사람들은 이 전환을 알아차리지 못하였다. 시대를 나누는 기준은 역사가의 관심사에 따라 다양할 수 있으며, 어떻게 보면 아주 임의적인 것이다. 역사는, 인간 행위자(human actor)와 비인간 행위자(non-human actor)의 상호작용이 일정한 시공간 안에서 만들어 내는 사건을 서사로 기록한 것인데, 여기서 지리적 조건 등을 제외한 비인간 행위자 일부는 기술의 산물이므로 우리는 테크놀로지의 발전도 결코 무시할 수 없다. 대니얼 헤드릭은 테크놀로지의 발전 양상을 기준으로 삼아 다음과 같이 시대를 구분하고 있다.

> Stone Age Technology(석기 시대의 기술)
> Hydraulic Civilizations(BCE 4000~1500)(수력 문명)
> Iron, Horses, and Empires(BCE 1500~CE 500)(철, 말, 그리고 제국)
> Post-Classical and Medieval Revolutions(500~1400)(고전 시대 후기와 중세의 혁명들)
> An Age of Global Interactions(1300~1800)(지구적 교환의 시대)
> The First Industrial Revolution(1750~1869)(제1차 산업혁명)
> The Acceleration of Change(1869~1939)(변화의 가속화)
> Toward a Post-Industrial World(1939~2000)(산업사회 이후의 세계를 향하여)

인간 집단의 삶에서 중요한 역할을 하는 기술만을 다룬다면 이러한 시대 구분이면 충분할 것이나 우리는 시대 전반의 문명과 그 문명이 낳아 놓은 사상사적 성취들을 탐구하고 있으므로 이와 조금 다른 시대 구분이 필요하다. 피터 스턴스Peter Stearns의 《세계사 공부의 기초》(World History: The Basics, 2011)(최재인 옮김, 삼천리, 2015)에서 사용하는 시대 구분을 살펴보자. 이 시대 구분은 앞서 헤드릭의 구분과 대체로 비슷하지만 테크놀러지의 발전과 전환에만 근거하지 않은, 문명의 전반적인 특징에 근거한 것이다.

> 초창기(250만 년 전~1만 년 전)
> 고전 시대(서기전 1000~서기 600)

고전 시대 후기(500~1450)

근대 초기(1450~1800)

장기 19세기(1789~1914)

피터 스턴스의 책은 역사 공부에 관한 일반적인 방법론을 다루고 있다. 이와 유사한 성격의 책으로는 존 아널드John Arnold의 《역사》(History: A Very Short Introduction, 2000)(이재만 옮김, 교유서가, 2015)가 있는데, 내용이 압축적이다. 참고 삼아 읽어 둘 만한 세계사 책으로는 메리 위스너행크스Merry Wiesner-Hanks가 쓴 《케임브리지 세계사 콘사이스: 글로벌 시대 새로운 세계사를 위하여》(A Concise History of the World, 2015)(류형식 옮김, 소와당, 2018)가 있다. 이 책은 세계사를 크게 다섯 시대로 나누어 서술하고 있다. 1) 포레이저 가족과 농사 짓는 가족, 2) 도시와 고전 고대 사회, 3) 상호교류와 네트워크의 확장, 4) 새롭게 연결된 세계, 5) 산업화, 제국주의, 불평등. 이는 피터 스턴스의 시대 구분과 크게 다르지 않다. 흥미로운 점은 피터 스턴스나 메리 위스너행크스 모두 '중세'(middle age)라는 말을 사용하지 않는다는 것이다. 그것이 이제는 공허한 지칭임을 알려 준다 하겠다. 펠리페 페르난데스아르메스토Felipe Fernandez-Armesto 등이 쓴 《옥스퍼드 세계사》(The Oxford Illustrated History of the World, 2019)(이재만 옮김, 교유서가, 2020)는 피터 스턴스의 시대 구분과 유사하지만 고전 시대 후기를 따로 설정하지 않았다는 차이가 있다.

6. 읽게 될 것

역사, 그리고 그것에 의미를 부여하는 사상사 모두 궁극적으로는 '읽기'

다. 읽는 것은 정신의 연습이다. 헬라스 신화에는 아홉 명의 무사mousa 여신들이 있는데, 그것 이전에 보이오티아에서 기원한 신화에는 아오이데Aoidē 여신과 므네메Mnēmē 여신, 멜레테Meletē 여신 이렇게 세 명의 여신이 있다. 아오이데 여신은 노래와 목소리(song, voice)를, 므네메 여신은 기억(memory)을, 멜레테 여신은 연습과 기회(practice, occasion)를 관장한다. 앞의 두 여신들은 구체적인 대상에 관여하는 반면 멜레테 여신은 이들과 달리 행위, 즉 노래를 잘하거나 기억을 잘하기 위한 연습에 관여하므로, 이 여신은 다른 여신들에게 있어 일종의 기초가 된다고 할 수 있다. 이러한 연습을 통해서 얻게 될 통찰력 또는 창발은 불현듯 떠오르는 영감이 아니라 개별적인 것들에 대한 앎과 그것들을 아우르는 보편적인 원리로 올라서는 힘이거니와, 이 원리는 보편적이기는 하지만 말 그대로 '모든 것의 이론'(TOE, Theory of Eveything)은 아니다. 사실 '모든 것의 이론'은 '아무것도 아닌 이론'(TON, Theory of Nothing)이다.

7. 우리가 시도하는 바

철학은 서사에 그치지 않고, 시대와 맥락에서 탈피한 추상적 보편성에 이르러야 한다는 요구가 있을 수 있다. 그러한 요구는 '오늘의 나'가 역사적 순간 속에서 살아가고 있음을 망각해야만 충족될 수 있다. '오늘의 나'를 소거하고 탈시간적 보편성의 규준을 가지고 텍스트를 읽는 것은 배진적背進的 소급적遡及的 태도로 과거에 접근하는 것인데, 이는 취사선택한 부분적 과거에 근거하여 오늘을 섣부르게 정당화할 가능성이 아주 높다. 어떻게 하여도 공정한 재해석이 불가능한 상황인 것이다. 실천철학이 '사상사적 탐구를 통한 역사성'과 '철학적 관상으로써 얻어지는 보편성'을 통일한 참다운 사상이려면 어제의 발현이라 할 '오늘의 희미한 빛'이 주는 실마리를 잘 살펴봄으로써 사태 자체(사상事象)의 보편적 원리를 개념적으로 파악하여 세계사의 진행과정과 미래를 꿰뚫어 알아야 한다는, 그러한 이상(Ideal)이 지배하던 관념론(Idealismus)의 시대가 있었으나 이제 그것은 섣부른 목적론적 형이상학으로 간주될 뿐이다. 우리는 그러한 단언을 삼가고 각각의 시대가 드러내는 시대정신(Zeitgeist)이라 짐작되는(또는 그것이라고 상정想定한) 것을 살펴보는 데 만족해야만 한다.

서문 주해

1. 서양 고전 고대

고전 시대 전반부는 헬라스의 정치적 공동체인 폴리스로 특징지어지는 시기이며, 후반부는 사상사에서 일반적으로 '헬레니즘 시대'라 불리는 때부터 시작되는데, 이 시대는 알렉산드로스Alexandros(재위 BCE 336~323)의 스승이었던 아리스토텔레스가 사망한 서기전 322년부터 서기 146년까지를 말한다. 헬레니즘 시대 이후로도 고전 시대는 지속되었으며, 우리가 고전 시대의 끝을 알리는 의미 있는 연대로 삼을 수 있는 것은 529년이다. 이 해에 로마 황제 유스티니아누스 1세(Flavius Petrus Sabbatius Iustinianus I, 재위 527~565)는 철학 강의를 금지하는 칙령을 아테나이에서 공표하였다. 이것이 고전 철학의 종말을 의미하지는 않지만 이 칙령은 고대의 고전 철학 문화의 황혼과 새로운 문화, 즉 기독교 문화의 등장을 동시에 알리는 사건이었다. 유스티니아누스가 칙령을 공표한 해는 성 베네딕투스(Sanctus Benedictus de Nursia, 480~547)가 몬테 카시노에 수도원을 세운 해이기도 하다. 현세의 삶에서는 플라톤이 세운 아카데메이아의 폐쇄가 그리 중요하지 않은 일일 수도 있다. 529년에 일어난 더 중요한 사건은 황제가 트리보니아누스Tribonianus를 법무관으로 임명하고, 특별위원회에서 '로마법 대전' 또는 '유스티니아누스 법전'이라 불리는 《시민법 대전》(Corpus Iuris Civilis)을 편찬한 사건일 수도 있다. 이에 관해서는 움베르토 에코 외,《경이로운 철학의 역사 1: 고대 중세 편》(Storia Della Filosofia, 2014)(윤병언 옮김, 아르테, 2018)을 참조할 수 있다.

고전 시기에 어떤 일이 일어났는지를 대강이라도 짐작하기 위해서 다음과 같은 인물들과 연대들을 참조할 수 있다. 이 연대에 등장한 이들은 모두 사상사에서 중요한 이들이다. 소크라테스Sōkratēs(BCE 470~399), 플라톤Platōn(BCE 428~347), 아리스토텔레스Aristotelēs(BCE 322 사망), 에피쿠로스Epikouros(BCE 341~271), 키케로Cicero(BCE 106~43), 예수Jesus(33년 사망 추정).

헬레니즘 시대 이후에 사상사적으로 중요한 인물과 사건으로는 마르쿠스 아우렐리우스Marcus Aurelius(121~180), 아우구스티누스Augustinus(354~430), 서로마 제국(395~476), 예루살렘 공의회(〈사도행전〉 15장), 니카이아 공의회(325), 칼케돈 공의회(451)가 있다.

2. 쾌락에 빠진 시민들

폴리스의 시민들은 현세적인 가치관을 가지고 살아갔다. 호메로스Homēros의 서사시《일리아스》Ilias의 주인공 아킬레우스를 생각해 보자. 그는 아가멤논이 자신의 전리품을 제대로 챙겨 주지 않자 화가 나서 전투에 가담하지 않는다. 더 깊은 원인이 뭐가 있든 이 서사시는 '아킬레우스의 분노'에서 시작된다. 전리품 때문에 화가 난 아킬레우스는 떼쓰는 어린아이와 같다. 화가 잔뜩 난 아킬레우스를 달래기 위해 여신 아테나가 하는 말은 또 어떤가. '내 말 잘 듣고 화 풀면 전리품을 세 배로 챙겨 주겠다'는 말 아닌가. 이들은 구체적인 사건이나 물건 때문에 고통을 받을지언정 마음 깊은 곳에서 생겨나는, 도대체 어디에서 생겨나는지 그

연원을 알 수 없는 고뇌는 전혀 느끼지 못하는 사람들이다. 아킬레우스 같은 이들은 현전하지 않는 것, 더 나아가 초월적인 것에 대해 고민하지 않는다. 그저 당장 여기서 즐거운 삶을 살아가면 되는 것이다.
로마의 장군이자 연대기 작가인 코르넬리우스 네포스Cornelius Nepos(BCE 110~25)의 《탁월한 장군들》(Excellentium Imperatorum Vitae)(염승섭 옮김, 부북스, 2019)에는 펠로폰네소스 전쟁 시기의 유명한 장군들, 이를테면 테미스토클레스Themistoklēs, 알키비아데스Alkibiadēs, 트라쉬불로스Thrasyboulos나 로마의 장군들이 등장한다. 전쟁터를 오가고 전장의 연장 선상인 정치의 세계에서 이리저리 날뛰면서 고생을 하고 불운에 시달리기도 하지만 그들에게는 마음 깊은 곳에서 생겨나는 고뇌는 없어 보인다. 고통스러운 삶의 국면이 닥쳐도 고작 이런 식으로 설명한다. "행운의 여신은, 상습적 변덕을 통해, 얼마 전에 고양高揚했던 그 사람을 끌어내리기 시작했기 때문이다"(디온 편). 무엇 때문에 불행이 닥쳐왔는지가 실로 명쾌하게, 그러나 어이없게 설명된다. "행운의 여신"을 동원하면 모든 설명이 끝나는 것이다. 간단히 말해서 호메로스의 서사시를 들으며 성장한 아테나이 시민들은 적어도 폴리스 세계 붕괴 이후에 살았던 사람들에게서 발견되는 고뇌를 느끼지 못했을 것이다.
폴리스의 시민들과 달리 고전 시대 후반부의 사람들은 고뇌의 시대를 살아갔다고 할 수 있다. 에릭 도즈Eric Dodds는 *Pagan and Christian in an Age of Anxiety*(불안의 시대의 이교도와 기독교도, 1965)에서 3세기를 '불안의 시대'라고 한다. 이 불안은 시대의 불안정성을 가리키는 말이기도 하지만, 사람들의 심성 속에 공포와는 구별되는 불안과 고뇌가 자리잡기 시작한 것을 가리킨다고도 할 수 있다. 또한 *The World of Late Antiquity: AD 150~750*(고대 후기의 세계: AD 150~750, 1989), *Power & Persuasion in*

Late Antiquity: Towards a Christian Empire(고대 후기의 권력과 설득: 기독교 제국을 향하여, 1992),《기독교 세계의 등장》(The Rise of West Christendom: Triumph and Diversity AD 200~1000, 1996),《아우구스티누스》(Augustine of Hippo, 2000),《고대 후기 로마제국의 가난과 리더십》(Poverty and Leadership in the Later Roman Empire, 2002) 등에서 2~8세기를 가리키기 위해 '고대 후기'(Late Antiquity)라는 개념을 사용하고 있는 피터 브라운 Peter Brown 은 5세기를 기준으로 고대와 중세를 단절된 것으로 보았던 과거의 시대 구분을 폐기하였으며, 에릭 도즈가 말하는 불안의 시대에 '새로운 분위기'(new mood)가 생겨났다고 말한다.

불안의 시대는 초월적 이념에 눈을 돌리게 된 시기라고도 할 수 있다. 초월적 이념에 대해 생각한다는 것은, 지금 자신이 발 딛고 있는 땅을 벗어나 다른 세계로 눈을 돌리는 것이다. 지금 당장 겪고 있는 어려움들을 해결할 수 있는 방책을 차안의 세계에서는 더 이상 도저히 발견할 수 없다고 여겨질 때 피안의 세계와 불변하는 초월적인 것에 대한 절박한 동경이 생겨난다. 사람들은 그러한 동경에서 이끌어 낸 이념적 열정으로써 현실을 개조하려 한다. 아테나이 폴리스 쇠퇴기에 등장한 플라톤의 형상形相(eidos) 이론은 이러한 동경과 변혁의 강력한 전조이다. 현세적 삶을 살아가는 이들이 보기에는 그냥 헛소리이지만, 적어도 초월적 이념을 주창하는 이에게는 그 이념이야말로 진짜이며 생동하는 것이다. 이렇게 하여 그들에게는 세계가 둘이 된다—거짓 세상과 참다운 세계, 땅위의 세속 세계와 하늘의 신성한 세계. 이 구도는 칼 뢰비트 Karl Löwith의 *Weltgeschichte und Heilsgeschehen: Die theologischen Voraussetzungen der Geschichtsphilosophie*(세계사와 구원사救援事: 역사철학의 신학적 전제들, 1953) 에서 가져온 것이다. 뢰비트는, 신플라톤주의의 영향 아래 성립한 아우구스티누스 사상 이후, 즉 고전 시대 후반 이후 근대에 이르기까지 서구 사상사에는 이러한 성속복합체聖俗複合體가 작동하였음을 강력하게 전제하고 논의를 전개한다. Weltgeschichte는 '세계사'로 옮겨지겠으나 그 말에는 '지상 세계의 역사'라는 것이 당연히 함축되어 있으며, Heilsgeschehen은 지상 세계에 현현한 구원의 사건들, 그리스도의 수난, 이 모든 것들의 과정인 구원의 역사를 의미한다.

헬레니즘 시대의 사상들은 근본적으로 차안의 삶이 가져다주는 고통을 해소하려는 시도이며, 이러한 구원의 요구에 대해 '임박한 종말'이라는 개념으로써 응답한 것이 기독교이다. 기독교는 콘스탄티누스 1세(Flavius Valerius Aurelius Constantinus I, 재위 306~337)에 의해 로마 제국 체제(정확하게는 황제 권력)의 정당화 이념으로서 필수적이고 유기적인 구성 성분으로 자리잡지만, 적어도 시작은 차안의 삶에 대한 전면적 부정이다. 이후 사람들은 실정성實定性(Positivität)이 관철된, 초월적 이념이 현세에 파고들어 피안의 생이 차안의 생과 떨어질 수 없게 제도적으로 결착된 세상에서는, 그저 교회에 나가고 교회에서 시키는 대로만 하면 천국에 간다고 믿으면서 살게 된다. 흔히 '중세'라 불리던 시대의 삶은 그러했을 것이다. 초월적 이념들끼리의 싸움은 아킬레우스의 투정과는 비교도 되지 않는, 잔인한 쟁투를 불러오기도 한다. 이를테면 마르틴 루터Martin Luther(1483~1546) 이후 서구인들은 종파적 열정에 몸을 내맡겨서 몇 백 년을 지낸다. 오늘날 우리에게 가톨릭 교도와 개신교도의 대립은 그저 그런 말싸움 정도로 보인다. 그런데 셰익스피어Shakespeare(1564~1616)가 살던 때 잉글랜드 사람들에게는 종파의 대립이 어떻게 체감되었을까. 엘리자베스 1세(Elizabeth I, 재위 1558~1603) 시대 잉글랜드에서 종파의 대립은 죽음을 부르는 싸움과 마찬가지였다. 그들에게는, 자신들이 믿고 있는 종파에 대한 헌신이 왕국의 경계선을 넘어서는 일이었다. 당시 로마 교황 피우스 5세(Pius V, 재위 1566~1572)는 1570년에 칙서 '천상의 통치'(Regnans in Excelsis)를 반포하여 엘리자베스 1세를 이단자로 선언하고 그의 신하들과 백성들에게 엘리자베스 1세에 대한 충성의 의무를 면제시켜 주었다. 교황이 여왕을 파문했다는 것은, 잉글랜드 왕국에 사는 가톨릭 교도가 자기네 나라 왕을 죽여도 괜찮다는 것을 의미한다. 온 나라가 종파 싸움에 휘말리면 이렇다. 이렇게 골치 아픈 것이 없던 곳이 고대 헬라스 세계이다. 현세의 삶에서 고통과 즐거움을 누리고 사는 사람들의 세계, 그들에게 자신의 삶에 대한 초월적 반성을 요청했던 사람이 아주 가끔 등장했던 세계, 그 요청에 귀기울이는 사람은 거의 없었던 세계가 고전 시대 전반기의 폴리스라는 역사적 공간이었다.

1장 주해

1-1. 폴리스

polis는 마땅한 번역어가 없다. 이 말에서 politēs(시민), politeia(정체)가 파생되었다. '도시'라고 번역한다면 한국어에서는 번화한 도심을 떠올리기 쉬운데, 아테나이 폴리스는 그러한 도시만을 가리키지 않는다. '규모가 작은 나라'라고 생각하는 것이 가장 적절할 것이다. 영어로는 city, 도이치 어로는 Stadt라고 옮기는데, 이 말들 역시 우리가 '도시'라고 할 때 갖게 되는 어감을 그대로 가지고 있으므로 읽을 때 유의해야 한다. '도시 국가'라고 한다면, '국가'를 나라와 동의어로 쓰는 경우에는 용인될 수 있겠다. 규모의 측면에서 폴리스를 규정한다면 이렇게 옮길 수 있겠지만, 구성원들의 상대적 동질성을 염두에 둔다면 도이치 어로는 Volk라는 말을 쓰기도 한다. 그러므로 도이치 어로 된 문헌에서 Volksgeist라는 말이 나올 때 그것이 고대 헬라스의 폴리스를 논하는 경우라면 '민족 정신'이라고 옮기기보다는 '공동체 정신', '폴리스 정신'이라 하는 것이 더 적절할 것이다.

1-2. 형식적 규정

형식적 규정의 대표적인 것이 막스 베버(Maximilian Carl Emil Weber, 1864~

1920)의 근대 국가에 관한 정의다.《직업으로서의 정치》(Politik als Beruf, 1919)(전성우 옮김, 나남출판, 2007)에서 국가에 대해 논의하면서 "순수하게 **개념적인 것**"(das rein Begriffliche), 즉 형식적인 것만을 논의한다. 그에 따르면 국가는 "한 특정한 영토 내에서 (…) 정당한 물리적 강제력의 독점을 (성공적으로) 관철시킨 유일한 인간 공동체", "공적 법인체의 성격을 띤 (…) 이 지배 조직은, 한 특정한 영토 내에서, 정당한 물리적 폭력을 지배 수단으로 독점하는 데 성공한 지배 조직"이다. 그것이 고유하게 지니고 있는 특수한 수단을 준거로 정의할 수밖에 없는데 이 수단이란 곧 물리적 강제력이다. 막스 베버는 국가—여기서 국가란 일반명사 국가가 아니라 근대 국민국가를 지칭한다—란 무엇이냐는 물음에 정당한 물리적 강제력을 독점하고 있는 것이라 답한다. 국가의 물리적인 강제력 독점을 구성원들이 정당하다고 인정하는 것이다. 어떤 목적을 위해서 그 강제력을 독점하고 있는지는 따져 묻지 않는다.《논어》에서 인용되는 대표적인 정치의 정의는 이렇다. "계강자가 공자에게 정치를 물었다. 공자가 대답하여 말하였다. 정치란 정의입니다. 당신이 솔선하여 올바르다면 누가 감히 부정의하겠습니까(季康子 問政於孔子 孔子對曰 政者 正也 子帥以正 孰敢不正)". 이는 정치를 내용적으로 규정한 것이다.

1-3. "단적인 의미에서의 시민"
《정치학》(김재홍 옮김, 도서출판 길, 2017)의 역자가 붙인 설명(제3권 주석 17, 18)에 따르면 "아테나이 인들은 18세가 되면 각 'deme'(dēmos, 행정구획 단위)의 지도자가 가지고 있던 시민 등록 명부(lēxiarchikon grammateion)에 등재되었다고 한다. 명부에 등재되어야 비로소 완전한 시민이 되었다". '불완전한 시민'은 "아직 나이가 차지 않았으므로 정치적인 사안에 참여할 수 없다. 따라서 잠정적인 시민(politai ex hypothesōs)에 불과하다". "결점(egklēma)이 없는 시민의 자격을 가진, 단적인 시민"(1275a 19) 또는 완전한 시민은 오늘날 용어로 말하면 공민公民이다. 거류 외국인들(metoikoi)은 세금을 내지 않는 외국인이고, 체류 외국인들(isoteleis)은 세금을 낸다. 거류 외국인들은 세금을 내지 않으니 부동산을 취득할 수 없다. 플라톤의 대화편《정체》에 등장하는 케팔로스, 폴레마르코스, 뤼시아스는 모두 체류 외국인들이다. 소크라테스는 시민(politēs)인데 페이라이에우스 항에 갔다가 오는 길에 폴레마르코스에게 붙들려서 케팔로스 집에서 대화를 한다.

1-4. "잘 삶"

polis는 politēs와 politeia의 복합체다. 이것만으로써 정의하지 않고 폴리스의 목적을 잘 삶(to zēn kalōs)으로 설정한다면 사태가 복잡해진다. 우리는 잘 산다는 것을 '공동의 유익'으로 이해한다. 그러나 그것을 반드시 그렇게 생각하지 않는 사람도 있기 마련이다. 이 경우 폴리스를 형식적으로 규정하는 것과는 달리 공동체의 목적을 둘러싼 논쟁이 벌어지기 쉽다. 목적에 대한 견해 차이, 잘 사는 것에 대한 견해의 불일치에서 당파가 생겨나게 되고 이념 투쟁이 정치의 주요한 요소가 된다.

공동체(koinōnia)에는 가족도 있고 사회도 있고 국가도 있다. 학문 공동체, 종교 공동체도 있다. 이것들 간의 차이는 그 공동체를 구성하고 있는 사람들 간의 차이에서도 기인하겠지만 무엇보다도 그 공동체가 지향하는 목적에 달려 있다. 사도 바울로가 〈필립비 인들에게 보낸 편지〉(3장

20절)를 보자. "그러나 우리는 하늘의 시민입니다. 우리는 거기에서 오실 구세주 되시는 주 예수 그리스도를 고대하고 있습니다". 이 구절에 따르면 지상에 있는 정치 공동체는 전혀 실효성을 가지고 있지 않다. 아리스토텔레스는 우리 앞에 펼쳐져 있는 현실세계에서의 정치 공동체를 최상위에 있는 것으로 보았고, 사도 바울로는 현실의 공동체는 최고의 것이 아니라고 보았다. 그런 까닭에 지상에서 살아가는 것은 잘 사는 것과 아무런 관계가 없다.

1-5. "정의는 정의로운 것의 심판"

정의(dikē)는 법적인 정의이고, 정의로움(dikaiosynē)은 넓은 의미에서의 올바름으로 이해할 수 있다. 그것들은 오늘날의 용어로 '합법성'(legality, Rechtmäßigkeit 또는 Legalität)과 '올바름'(justice, Gerechtigkeit)으로 옮길 수 있을 것이다. 체제가 법 규범에 합당한 절차에 따라 작동하고 그 법의 내용이 어떠하든 실정법으로서 입법만 되어 있다면 합법성을 획득한다. 아주 간단히 말해서, 내용이 극도로 악한 법도 법이므로 그것은 지켜져야 한다. 이는 체제의 형식적 구성에 기여한다. 현대의 개체주의적 자유 민주정은 내면의 양심과 이념을 사적인 영역에 국한시킴으로써 절차적 합법성을 체제 구축의 필요조건으로서 승인한다. 절차적 합법성에 따라 선출된 권력은 바로 그 합법성으로부터 권위의 '정당성'(legitimacy, Legitimität)까지 부여받는 것이다. 그러나 우리는 정당성의 원천을 정의로움, 즉 올바름에서 찾으며, 그런 까닭에 적절한 합의에 의해 형성되는 올바름은 격렬한 이념 논쟁의 중심에 놓여 있곤 한다. 폴리스에 관한 아리스토텔레스의 목적론적 규정을 준용한다면, 폴리스의 정당성이 올바름에 정초되지 않았을 때, 또는 무엇이 올바름인가를 둘러싼 투쟁이 벌어졌을 때에는 어떠한 합법성도 의미를 갖지 못한다. 무엇이 '잘 삶'인가를 확정해야만 체제는 완성된 현실태가 된다.

1-6. 체제의 전체적인 혁명

폴리스의 근간, 즉 시민의 자격과 정치 체제 또는 질서가 바뀌는 것을 '혁명'(revolution)이라 할 수 있을 것이다. 혁명은 변화(change)의 하나인데, 변화의 과정에 폭력(violence)이 개입되면 혁명이라 부르기도 한다. 폭력은 힘(force)의 한 종류이며 일반적으로는 예측 불가능하고 파괴적인 힘을 가리킨다. 각목이나 쇠파이프 등을 동원하는 물리적 힘만을 가리키는 것이 아니라 기존의 법률(the established law)에 어긋나는 힘을 폭력이라 한다. 그런 까닭에 반드시 폭력을 수반해야 혁명이라 부를 수 있으며, 그것의 최종 귀결은 새로운 법을 세우는 것이다. 혁명의 성과가 기존의 것(the established)과 어떻게 다른가에 따라 전환(transition)과 변혁(transformation)으로 나눌 수 있다. 이 구별은 엄밀한 기준이 있는 것이 아니고 대체로 정치 체제와 정부 차원에서 일어나는 것을 '전환'이라 하고 사회 혁명의 차원에서 일어나는 것을 '변혁'이라 한다.

혁명의 대상은 사회(society), 체제(regime), 정부(government)인데, 이에 따라 혁명의 명칭이 부여된다. 즉 사회 혁명, 체제 혁명(또는 정치 혁명). 정부는 원리적으로는 혁명의 대상이기는 하나 대체로 사회와 체제의 변화에 종속적으로 수반되는 것이므로 따로 명칭을 부여하지 않는다. 사회 혁명은 사회, 즉 인간 집단(친족, 계급, 민족 등)의 근본을 뒤집어엎는 것을 가리키고 체제 혁명은 정체의 질서를 바꾸는 것을 가리킨다. 사회 혁명은 대체로 체제 혁명을 수반하므로 더 근본적이다. 아테나이에서 클레이스테네스Kleisthenēs가 아테나이의 부족 집단을 재구획함(사회 혁명)으로써 시민의 자격을 가진 사람들이 변화하여 민주정으로 나아가는 발판을 마련한 것, 즉 체제를 전환한 것이 그 예이다. 서구 근대 국가의 토대가 된 절대왕정의 경우, 귀족들이 토지를 소유하고 있었던 것이 왕의 토지로 변화함에 따라 귀족정(또는 귀족 연합체)에서 본격적인 왕정으로 체제가 변화한 것도 사회 혁명의 사례로 들 수 있다. 이런 사례들을 보면 체제 혁명이 완결되려면 사회 혁명이 이루어져야 함을 알 수 있다.

아테나이 체제를 이해하려면 부의 원천의 변화와 그에 따른 정치 체제의 변화, 즉 사회 혁명과 그에 수반되는 정치 혁명의 과정을 파악해야 한다. 아테나이의 공동체는 게노스genos라고 하는 씨족을 기본 단위로 이루어졌다. 이는 부계 친족 집단에 노예와 피호인被護人(cliens)이 덧붙여진 것이며, 토지에 기반을 두었다. 부계 친족 집단은 혼婚이라는 행위를 통해서 성립한다. 혼은 부父를 확정하거나, 부계불확실성父系不確實性(paternal uncertainty), 부성불확실성父性不確實性을 해소하기 위한 사회적 행위이다. 이것에 해당되지 않는 것을 분奔이라 하는데 이는 부계불확실성이 남아 있는 상태이다. 혼은 법적으로 정해진다. 부계 집단에는 부계불확실성이 상존하는 반면 모계 집단에는 모계불확실성이 결코 없다. 낳은 자는 태어난 자를 확실히 알기 때문이다.

아테나이는 왕정 체제에서 시작되었으나 귀족도 왕과 대등한 세력을 가지고 있었다. 귀족들은 토지에 기반을 두고 있었으므로 별다른 사회 혁명의 과정을 거치지 않고 정치 혁명을 통해 토지 소유자들의 연합체를 형성하였다. 귀족 연합체가 만들어지자 전권을 가지고 있던 왕은 군사령관에게 병권兵權을, 아르콘arkhōn에게 사법권을 내주고 제사장 권한만 보유하게 되었다. 이들 3인에 6인의 입법관(nomōn dēmiourgos)이 더해져서 9인의 집정관단이 형성되었다. 집정관은 처음에는 종신제, 이후 십 년 임기제, 일 년 임기제로 변화하였으며 임기를 마친 집정관은 아레이오스 파고스의 재판관이 되었다. 이들을 통칭 '귀족'(eupatridae)이라 하였다.

토지가 부족하고 분배까지 불균등했던 탓에 헬라스의 도시들은 식민시들을 건설하였다. 산업이 다변화되지 않았으므로 여전히 토지가 부의 원천이었다. 이때 토지 소유자에게 예속된 빈민들을 hektēmoroi 또는 pelatai라 불렀다. 소출의 6분의 1을 땅주인에게 바치는 hektēmoroi는 소작인이라 할 수 있다. pelatai는 일용직이다. 시민권을 가지지 못한 이들은 주로 예속인들이나 계절노동자들이었다.

변화는 솔론Solon의 개혁에서 시작되었다. 플루타르코스Ploutarkhos의《생애들의 비교》(Bioi parallēloi)('플루타르코스 영웅전', 천병희 옮김, 도서출판 숲, 2010)에 그의 삶이 상세하게 서술되어 있다. 아테나이의 토지 소유 상태가 변화하고 도시가 발달함에 따라 당파가 생겨났다. 대체로 사는 지역에 따라 선호하는 정체가 달라서 산악당(diakrioi, 민주정), 평야당(pedieis, 과두정), 해안당(paraloi, 혼합정)이 생겨나고 그들끼리 대립이 있었다. 아리스토텔레스에 따르면, 솔론이 상위 세 계급에서만 관직자를 선출한 것은 "솔론의 선택 의지에 따라서 일어난 것이 아니라 오히려 우연적으로 일어났던 것처럼 보인다. 왜냐하면 페르시아와의 전쟁 동안에 해군 우월권의 원인이 된 인민들은 스스로 기고만장해져서 품위 있는 사람(epieikēs)들이 자신들에게 반대되는 정책을 추구했을 때, 그들은 모자라는 사람을 인민의 지도자로 지명했기 때문이다"(1274a 12~15). 재산에 따라 이름이 붙여진 세 계급의 분류 기준은 다음과 같다. 1) 명망 있는 자들(pentakosiomedimnoi): 500메딤노스(1메딤노스는 대략 51.84리터)에 상당하는 곡식, 올리브 오일, 포도주 등을 생산할 수 있는 재산을 가진 자들, 2) 부유한 사람들(zeugitai, zeugitēs): 한 쌍의 황소(zeugos)를 유지할 수 있을 정도인 300메딤노스를 생산할 수 있는 재산을 가진 자들, 3) 기사 계급(hippeis): 200메딤노스를 생산할 수 있는 재산과 말을 가지고 있어서 기병으로 출전할 수 있는 자들. 이들 외에 품을 파는 고용인(thētes)들이 있었다. 이때는 민회가 자주 열리지 않았고 아레이오스 파고스의 결정사항을 승인하는 역할만을 하였다.

솔론의 개혁에 불만을 품은 세력은 페이시스트라토스Peisistratos의 참주정 시기에 가난한 농민들에게 물질적 도움을 주고 도시의 단결을 유지하여 물질적 발전을 유도하였다. 이로써 농민의 생활수준이 향상되고 독립적이고 자유로운 생활이 가능해짐에 따라 참정권을 능동적으로 조절할 수 있는 단계로 이행하게 되었다. 이때 아테나이는 영웅시대에서 중장보병(hoplitēs)의 시대로 전환하였다. 헬라스에서 전투에 가담하는 시민들은 자신의 재산으로 창, 칼, 방패 등을 마련해야 했는데 그것을 마련할 수 있는 시민들의 숫자가 늘어남에 따라 전투의 양상이나 방식도 달라졌다.

이후 클레이스테네스의 개혁을 통해서 민주정으로의 획기적인 진전이 이루어졌다. 평민의 도시민화(BCE 7~5세기)가 진척되어 최소한 6세기 말부터는 시민권이 토지와 무관하게 됨에 따라 토지가 아닌 부의 원천을 개발한 상인과 수공업자가 평민귀족화되었다. 또한 부유하지 않은 평민은 중장보병이 되면서 정치적 권리가 강화되어 평민들의 지지를 바탕으로 한 참주정이 성립하기도 하였다. 이때부터 아테나이에서뿐만 아니라 헬라스 세계 전반에 걸쳐서 단순한 공동체가 아닌 정치적 결사체를 가리킬 때 koinon이라는 말이 사용되기 시작하였다. 아테나이는 내륙, 도시, 해안을 열 개의 부족(phylai)으로 재편성하고 시민권의 조건에서 토지 소유를 제거하였으며, 외국인도 부동산을 소유하는 체류 외국인(isoteleis)과 임시로 거류하는 외국인(metoikoi)으로 나누었다. 또한 참주의 출현을 막기 위한 도편추방제(ostrakismos)가 자리잡았다. 부의 원천이 달라졌고 그에 따른 정치적 권리가 확보되었으므로 이때는 분명히 사회 혁명의 단계에 접어들었다고 할 수 있다. 별다른 재산이 없는 사람은 해군에서 노를 저어도 시민권을 얻게 된다. 시민권의 범위가 확대되니 정치적 평등이 생겨난다. 그렇게 정치적 권리와 평등을 획득한 사람들이 부의 평등을 요구하게 된다. 사회 혁명이 정치 혁명을 부르고, 정치 혁명은 또 사회 혁명을 촉구하게 된다.

2장 주해

2-1. 폴리스들 사이의 쟁투

폴리스들은 근대적 국가 체제가 아니므로 그것들의 관계를 제1차 세계대전 이후 형성·발전되어 온 국제관계론의 방식으로 다룰 수는 없으나 이 방식을 원용할 수는 있을 것이다.

정치 사상에는 권력론, 정의론, 국제관계론, 이렇게 세 가지 하위 영역이 있다. 권력론은 권력, 즉 정치적 공동체를 지배하는 위력(Macht)의 원천과 그 위력이 실행되는 방식인 지배(Herrschaft) 구조에 대하여 다룬다. 아리스토텔레스는 폴리스를 두 가지 방식으로 규정하는데, 하나는 형식적 규정이다. 그것에 따르면 폴리스는 시민과 시민을 조직하는 원리인 정체로 이루어져 있다. 이것은 아주 좁은 의미에서의 정치학의 대상이기도 하다. 여기서는 민주정, 참주정, 귀족정, 과두정 같은 정체가 좋으냐 나쁘냐를 따지지 않는다. 따지기는 하는 데 '좋다, 나쁘다'는 '잘 작동하느냐 아니냐'를 근거로 판별된다. 잘 돌아가면 좋은 체제인 것이다. 이때 좋은 체제는 강한 폭력(Gewalt)을 주요한 지배 수단으로 삼기 쉽다. 이러한 방식으로 탐구하는 것을 정치 공학(political engineering)이라 하기도 한다. 인류의 진보에 놀라운 기여를 한 공학이 경멸적인 뜻으로 쓰이는 몇 안 되는 경우라 하겠다.

아리스토텔레스가 폴리스를 목적에 따라 다루는 것은 가치의 측면에서 탐구하는 것이다. '잘 삶'이라든가 '좋은 영혼'(eudaimonia), 복지 등이 그 목적으로 제시되는 것이 일반적이다. 이것 또한 좋다 나쁘다를 따지지만 그것은 올바름의 측면에서 판별된다. 이것이 정치 사상에서 정의론이다.

플라톤의 대화편들은 전면적으로 정의론의 입장을 견지하며, 산견되는 정체에 관한 담론들은 그것을 둘러싸고 있는 교육·양육론으로 인해 망상으로 보이기도 한다. 그렇다 해도 플라톤은 끝없이 거론되는 정의론의 강력한 테제들을 세웠다. 아리스토텔레스의 《정치학》은 권력론과 정의론 모두를 포함하는 텍스트이다. 그는 이론학의 영역에서 정초한 목적론적 형이상학을 실천학에서 전개하는 사상의 근본바탕으로 삼고 있으므로 정의론을 우위에 두고 있으며, 《니코마코스 윤리학》의 마지막을 이어받은 《정치학》의 기획이 정의론의 측면에서 규정한 폴리스에서 시작한다는 점도 이를 뒷받침한다. 토마스 홉스Thomas Hobbes(1588~1679)의 《리바이어던, 교회 국가 및 시민 국가의 재료와 형태 및 권력》(Leviathan or The Matter, Forme and Power of a Commonwealth Ecclesiasticall and Civil, 1651) (진석용 옮김, 나남출판, 2008)은 일반적으로 권력론의 텍스트로 알려져 있으나 기독교적 권력 정당화에 대한 급진적 비판을 포함하면서 정의론에 점근漸近하는 모호한 입각점을 취하고 있다. 더욱이 그는 자연적인 것과 도덕적 가치를 동일시함으로써 권력론과 정의론의 구별 자체를 해소해 버렸다. 정치 사상의 전혀 다른 차원을 만들어 낸 것이다. 헤겔(Georg Wilhelm Friedrich Hegel, 1770~1831)의 《법철학 강요, 또는 자연법과 국가학 요강》(Grundlinien der Philosophie des Rechts oder Naturrecht und Staatswissenschaft im Grundrisse, 1820)은 권력론과 정의론 모두를 포괄하며 심지어 《백과전서적 학적 체계》(Enzyklopädie der philosophischen

Wissenschaften, 1817)와의 연관까지도 고려한 텍스트이지만, 그 권력이 세속적인 것인지 아니면 신국神國의 가상假象(Schein)에 불과한 것인지, 그 정의가 법으로 결정結晶되는지 아니면 선악의 피안에 존재하는 절대적 정신의 것인지는 모호한 상태에 있다. 막스 베버의 강연인 《직업으로서의 정치》는 명백하게 권력론의 측면에서 정치 공동체의 작동방식을 설파한다. 말미에서 책임윤리와 신념윤리에 관하여 논한다고는 하지만 그것은 반 뼘일 뿐이다.

국가 자체를 하나의 행위자로 전제하고 그 행위자들의 상호관계를 다루는 현대의 국제관계론은 자신의 기원을 투퀴디데스에서 찾는다. 바로 이 사실로써 투퀴디데스의 텍스트는 국제관계론의 텍스트가 된다. 여기에는 일종의 순환논법이 있다. 국제관계론은 권력론을 국가 간 관계로 펼쳐 보이는 것이다. 그런 점에서 여기서는 정의론을 논하지 않는 것이 상례이니 투퀴디데스의 텍스트에서도 그것을 찾을 수 없다고들 한다.

2-2. 기록

투퀴디데스와 관련된 텍스트들은 다음과 같다.

원전 및 번역본

Thucydides, *Thucydides Historiae*, edited by Henry Stuart Jones, 2 vols., Oxford Univ. Press, 1942.

Thucydides, *Eight Bookes of the Peloponnesian Warre. Written by Thvcydides the sonne of Olorvs. Interpreted with Faith and Diligence Immediately out of the Greeke by Thomas Hobbes*(1629), edited by

David Grene, Univ. of Chicago Press, 1989.

Thucydides, *History of the Peloponnesian War*, translated by Rex Warner, Penguin Books, 1954.

Thucydides, *The Landmark Thucydides: A Comprehensive Guide to the Peloponnesian War*, edited by Robert B. Strassler, Touchstone, 1998.

Thucydides, *The Peloponnesian War*, translated by Martin Hammond, Oxford Univ. Press, 2009.

Thucydides, *The War of the Peloponnesians and the Athenians*, translated by Jeremy Mynott, Cambridge Univ. Press, 2013.

Thucydides, *Der Peloponnesische Krieg*, übers. und hrsg. von Helmuth Vretska und Werner Rinner, Reclam, 2000.

Thucydides, *Der Peloponnesische Krieg*, übers. und hrsg. von Georg Peter Landmann, Artemis & Winkler Verlag, (^{2}2006).

투퀴디데스, 《펠로폰네소스 전쟁사》, 천병희 옮김, 도서출판 숲, 2011.

주석 및 참고서적

Francis Cornford, *Thucydides Mythistoricus*, Edward Arnold, London, 1907.

A. W. Gomme, A. Andrewes, K. J. Dover, *A Historical Commentary on Thucydides*, 5 vols., Oxford Univ. Press, 1945~1981.

Simon Hornblower, *A commentary on Thucydides*, 3 vols., Oxford Univ. Press, 2008.

Donald Kagan, *Thucydides: The Reinvention of History*, Penguin

Books, 2010.

Jacqueline de Romilly, *Thucydide et l'impérialisme athénien: La pensée de l'historien et la genèse de l'œuvre*, Les Belles Lettres, 1947.

번역본들이 취한 제목을 주목해 보자. 1629년에 출간된 이른바 홉스 Hobbes 번역본은 투퀴디데스의 책을 '펠로폰네소스 전쟁에 관한 여덟 권의 책들'이라 지칭하고 있다. 마린 해먼드Marin Hammond는 '펠로폰네소스 전쟁'이라 하였다. 로버트 스트라슬러Robert Strassler의 것도 '펠로폰네소스 전쟁'이다. 렉스 워너Rex Warner의 것은 '펠로폰네소스 전쟁사'라 했고, 게오르크 페터 란트만Georg Peter Landmann의 것은 '펠로폰네소스 전쟁'이다. 그런데 제레미 마이놋Jeremy Mynott의 것은 '펠로폰네소스 사람들과 아테나이 사람들의 전쟁'이다. 한국에서는 보통 '펠로폰네소스 전쟁사'라 불린다. 위에 나열한 번역본들 중에서 이 명칭을 사용하는 것은 렉스 워너의 책뿐이다. 홉스의 번역본에 '올로로스의 아들 투퀴디데스'가 들어간 것은 투퀴디데스 자신이 쓴 말 "올로로스Oloros의 아들 투퀴디데스"(4.104.4)에서 가져온 것이다.

투퀴디데스는 첫 문장을 이렇게 썼다. "Thoukydidēs Athēnaios **xynegrapse** ton polemon tōn Peloponnēsiōn kai Athēnaiōn"(아테나이 사람 투퀴디데스는 펠로폰네소스 인들과 아테나이 인들의 전쟁에 관하여 썼다"(1.1.1). 제레미 마이놋의 번역본은 이 문장을 제목으로 취한 것으로 보인다. 투퀴디데스는 대체로 '펠로폰네소스 인들과 아테나이 인들'이라는 표현을 사용하며 "아테나이와 펠로폰네소스"(1.23.4; 2.1.1)라는 표현은 아주 가끔 사용한다.

"xynegrapse"는 "썼다"로 옮겼지만 단순한 말은 아니다. 뜻을 살펴보면

'건축, 의학, 수사학에 관한 기술적인 편람에 적절한 쓰기'를 지칭한다. 이를 지나간 사건들에 적용한다면 과거의 사태를 분석하고 재구성하는 방식으로 뭔가를 쓰는 것이다. 이 말은 기록하는 행위이면서 동시에 그 기록 행위가 분석과 재구성을 통한 정확하고 유용한 정보 제공을 목적으로 함을 알 수 있다. 기록의 측면만 고려한다면 이 책의 제목은 '펠로폰네소스 인과 아테나이 인의 전쟁에 관한 기록' 또는 '펠로폰네소스 전쟁기'가 적절할 것이다. 가이우스 율리우스 카이사르Gaius Iulius Caesar가 쓴 《갈리아 전쟁기》(Commentarii de Bello Gallico, BCE 50)는 콤멘타리우스commentarius라는 장르의 문헌이다. 이는 기본적으로 비망록이자 기초 사료史料이면서 보고서인데 '기록'의 측면에서만 보면 투퀴디데스의 그것과 가깝다. 투퀴디데스와 카이사르는 오늘날과 같은 의미의 역사가라는 자의식을 가지고 있지는 않았다. 그러므로 투퀴디데스가 어떤 정체성을 가지고 썼는지도 물어야 한다. 아테나이에서 '쓰는 사람'은 세 종류가 있었다. 첫째가 시인(poiëtēs), 둘째가 현자賢者(sophos), 수사학자(rhētōr), 셋째가 철학자philosophos이다. 소크라테스나 플라톤이 철학자라 하는 것은 사람들이 그들을 그렇게 불러 준 것이라기보다는 자신들을 소피스테스sophistēs와 구별하기 위해서 자의식적으로 사용한 것이라 하는 게 타당하다. 플라톤의 대화편 중 상당수가 이러한 '구별짓기'에 혼신의 힘을 기울이는 화자話者 소크라테스를 등장시키고 있다.

투퀴디데스는 자신이 철학자라고 생각하지는 않았을 것이다. 그렇지만 그의 처지 또는 입각점은 철학자와 유사한 점이 있다. 투퀴디데스는 서기전 422년에 있었던 암피폴리스 전투에서 패배하여 추방을 당한 뒤 전쟁이 끝날 때까지 돌아오지 못했다. 이 사건으로 인해 투퀴디데스의 사회적 위치는 망명자가 되었다. 달리 말하면 내부적 외부자, 내부에 있었지만 외부로 나온 사람이다. 이 위치에 대해서는 지그프리트 크라카우어 Siegfried Kracauer의 《역사: 최후의 것 이전의 최후의 것들》(History: The Last Things before the Last, 1969)을 참조할 수 있다. 이 책에 따르면, 역사는 클로즈업close-up(미시사)과 익스트림 롱샷extreme longshot(거시사)이 구조적으로 결합되어야 한다. 최후의 것은 철학과 이념이며 그것이 익스트림 롱샷이다. 그것은 일반화를 추구하므로 그 아래에서는 무수히 많은 것들이 생략되고 삭제된다. 역사는 최후의 것에 잡히지 않는 마지막 것들, 그렇게 생략되는 것들을 포착해야만 하며 그렇게 포착된 것들이 '중간계'를 이룬다. 크라카우어에 따르면 투퀴디데스는 망명자이며 '자기 삭제의 상태', 적극적 수동성의 상태에 있다고 한다.

그렇다면 투퀴디데스가 생각하는 철학자는 어떤 종류의 사람이었을까? 아마도 소크라테스 이전의 자연철학자들이었을 것이다. 아테나이에서 철학자는 일반적으로 자연의 이치를 밝히는 사람들이었기 때문이다. 그런데 펠로폰네소스 전쟁은 사람들 사이에 일어난 일이므로 자연의 이치로써 탐구할 대상이 아니다. 아테나이에서 시인은 오래된 직업이다. 투퀴디데스는 시인에 굉장히 익숙했을 것이다. 그런데 시인은 눈앞에 벌어지는 사태를 드라마로 창작하지는 않는다. 투퀴디데스도 현전하는 사태를 보고 이것을 이야기(mythos)로 쓸 수 있겠다고 생각하지는 않았을 것이다. 물론 이 기록의 구도는 시인의 것을 가지고 왔다. 플라톤이 대화편을 쓸 때와 마찬가지다. 구도가 그렇다 해도 서술 방식은 분명히 이야기와는 달라야 한다. 남은 것은 수사학이다. 수사학의 가장 중요한 특징은 생생함(enargeia)이다. 이는 그저 생생한 것이 아니라 잠재태의 상태에 있다가 눈앞에 보이듯이 생생하게 드러나는 것이다. 수사학자가 눈앞에 있는 것처럼 생생하게 표현하면 사람들은 그것이 진실되다고 생각했다. 즉 생생함이 진실의 증거인 것이다. 오늘날 우리가 생각하는 진실은 문서로나 객관적으로 확실한 증거가 있을 때 성립한다. 그런데 우리가 생각하는 진실의 증거와 투퀴디데스가 생각하는 진실의 증거는 다르다. 이를테면 페리클레스의 연설을 서술할 때 자기가 방금 전에 보고 온 것처럼 생생하게 쓴다. 고대에는 자신의 눈으로 확인한 증언인 것처럼 생생하게 보여 줄수록 진리에 가깝다고 생각한 것이다. 로마의 수사학자들은 enargeia라는 단어를 illustratio나 evidentia로 번역하였다. 퀸틸리아누스(Marcus Fabius Quintilianus)는 evidentia를 번역어로 사용하였다. 키케로도 이 단어를 썼다. 수사학에서 enargeia가 evidentia로 번역되었고 evidentia가 있을 때 설득이 가능하다고 했다. 헬라스에서나 로마에서나 수사학의 목적은 설득이다. 투퀴디데스는 당시 사람들 사이에 받아들여지고 있던 펠로폰네소스 전쟁에 대한 견해를 논박하고 사람들을 설득하기 위해 기록을 했다. 투퀴디데스의 서술 목적은 설득에 있다. 설득을 하려면 enargeia가 있어야 한다. 그는 수사학자로서 썼다.

투퀴디데스가 적극적으로 스스로와 구별하고자 한 상대는 헤로도토스이다. "내가 기술한 역사에는 설화가 없어서 듣기에는 재미가 없을 것이다. (…) 이 책은 대중의 취미에 영합하여 일회용 들을 거리로 쓴 것이 아니라 영구 장서용으로 쓴 것이기 때문이다"(1.22.4). 자신의 텍스트에 설화(mythos)가 없다는 것은 자신이 허구를 쓰는 사람이 아님을, 헤로도토스와 다르다는 것을 의미한다. "영구 장서용", 즉 '영원한 자산'(ktēma es aiei)은 투퀴디데스가 일종의 '삶의 스승으로서의 역사'를 의도한 것임을 짐작하게 해 준다. 후대의 폴뤼비오스Polybios는 투퀴디데스가 '교육적 가치'를 가지고 있다고 평가하였다. 사실상 삶의 스승으로서의 역사라는 것은 수사학자, 연설가가 아니라면 전할 수 없는 것이다. 키케로의 《연설가론》(De Oratore)은 이렇게 말하고 있다. "참으로 역사는 시대의 증인이요, 진리의 등불이며, 기억의 생명이자 삶의 스승이고, 고대의 전달자이거니와, 연설가의 목소리 외에 그 무엇이 역사에게 불멸을 가져다주겠는가?"(Historia vero testis temporum, lux veritatis, vita memoriae, magistra vitae, nuntia vetustatis, qua voce alia, nisi oratoris, immortalitati commendatur?)(II. ix. 36). 역사가 아무리 대단한 것이라 해도 그것은 연설가의 목소리가 없다면 결코 전해지지 못하는 것이다.

아리스토텔레스에 따르면 수사학은 진리를 탐구하는 학문이 아니라 설득에 관여하는 기술이다. 그렇다고 해서 투퀴디데스가 설득만을 목적으로 했다고 볼 수는 없다. 다음 서술문은 그가 전쟁을 보는 시각 자체에 대한 다른 사람들의 견해를 논박하는 목적을 가지고 있었음을 보여 준다. "아테나이 인 투퀴디데스는 그 이후 역사도, 사건이 발생한 순서대로 배열하되 여름과 겨울로 나누며, 라케다이몬 인들과 그 동맹군이 아테나이 인들의 제국에 종지부를 찍고 긴 성벽들과 페이라이에우스 항을 점령할 때까지 기록했다. 그때까지 전쟁은 모두 합쳐 이십칠 년 동안 지속되었다. 누가 중간의 평화조약 기간을 전쟁에 포함시키려 하지 않는다면 그것은 분명 판단착오이다. (…) 따라서 처음 십 년간의 전쟁, 그 후의 의심스러운 휴전 기간, 그 후의 전쟁을 계절별로 나누어 더해 보면 정확히 내가 말한 햇수에서 며칠이 남는다는 것을 발견하게 될 것이다. 신탁을 믿는 사람들도 이런 주장만이 사실과 일치한다고 믿을 것이다"(5.26.1~3). 이는 당시에도 이 전쟁이 몇 년 동안 계속되었는가, 전쟁과 전쟁 사이의 사건들도 전쟁 전체에 포함시킬 것인가 등을 두고 논쟁이 있었음을 보여 준다. 투퀴디데스는 다른 사람들의 "판단착오"와 자신이 말하는 "사실"을 분명히 구분한다. 전쟁의 원인과 관련해서도 다른 사람들의 견해를 논박하고자 한다. 그렇다 해도 우리는 그가 기본적으로는 수사학자로서 썼다는 것을 잊어서는 안 된다.

2-3. "사변"

사변에 해당하는 단어가 kinēsis이다. 이는 '운동'이라는 뜻이다. 이 단어는 생물학적인 메타포를 가지고 있다. 이 단어를 쓴 이유는 투퀴디데스가 이 사태들을 유기체의 관점에서 이해하고 있다는 것을 보여 준다. 우리도 돈이나 경제를 이야기할 때 돈이 흐른다, 돈줄이 막혔다 등과 같은 생물학적 용어를 사용한다. 근대 정치경제학이 성립했던 당시에 융성하던 학문 중 하나가 생물학이었기에 경제학 용어들이 생물학 메타포를 가지게 되었다. 당시 아테나이 인들은 사태를 유기체적 관점에서 파악하는 것이 본성을 드러내는 것이었다고 생각하였으므로 투퀴디데스는 생물학적 운동의 메타포를 자신의 서술에 사용한다.

2-4. 과거의 연원

"먼 과거로 거슬러 올라가 여러 증거를 검토"한 것이 'Arkhaiologia'(고대 사건에 대한 담론)이고, 이는 제1권 2부터 21에 해당한다. 각 장의 내용을 정리하면 아래와 같다.

    1.2: 초기 헬라스의 취약함

    1.3: 초기 헬라스 취약함의 원인들

    1.4: 미노스의 제해권(nauarkhia, Thalassokratie, naval supremacy) cf. 아리

스토텔레스,《정치학》, 1274a

1.5~1.8.1: 해적의 쇠퇴와 평화

1.8.2~1.8.4: 미노스의 트로이아 전쟁

1.9~1.11: 트로이아 전쟁

1.12: 암흑 시대, 알카익 시대(Archaic period, BCE.1000~500)

1.13: 알카익 시대의 참주와 제해권, 코린토스의 지리적 이점

1.14: 초기 제해권

1.15: 요약―해군이 없었다면 육상 제국도 없었다.

1.16: 장애물과 바다에서의 성공

1.17: 참주들의 기여

1.18: 페르시아 전쟁, 아테나이와 라케다이몬의 흥성, 1.89~1.117로 이어짐

1.19: 동맹을 유지하는 방법, 아테나이의 우위(1.1.1에서는 "둘 다 최강")

1.20~1.21: Arkhaiologia의 구체적 방법

2-5. 전쟁이 시작

투퀴디데스는 전쟁이 어떻게 시작되었는지를 설명하기 위해 먼저 자신의 탐구 방법론을 상론하고 그에 이어 전쟁의 "진정한 원인"을 논한다. 그것에 해당하는 부분을 정리하고 참고할 내용을 덧붙이면 다음과 같다.

1.22: 자신의 방법론

1.22.1: 연설―실제로 말해진 것, "그때그때 상황이 요구했음 직한

발언들"

1.22.2: 실제로 일어난 사건(ergon, what had done).

1.22.4: "to me mythodēs"(뮈토스 같지 않아서), "명확한 진실"

1.23: 전쟁의 거대함

1.23.4: 삼십 년 평화조약 파기

1.23.6: "진정한 원인"(alēthestatē prophasis, underlying cause, preappearance), "양쪽이 공공연하게 제기한 (…) 원인"(aitia, reasons); 탐구한 것: 현실의 힘(자본, 제해권, 함선 건조기술 등과 같은 인간사를 구성하는 것들)과 지리적 구조, 이 요소들이 모여서 이루어지는 정치라는 영역, 인간 본성이 드러나는 집단 기획으로서의 정치

투퀴디데스가 이 전쟁기에 사용한 원천은 연설과 실제로 일어난 사건인데 그것을 취사선택한 기준은 각각 다르다. "각각의 인물이 전쟁 직전이나 전쟁 중에 발언한 연설에 관해 말하자면, 직접 들었든 간접적으로 전해 들었든 나로서는 정확히 기억하기가 어려웠다. 그래서 나는 실제 발언의 전체적인 의미를 되도록 훼손하지 않으면서 연설자로 하여금 그때그때 상황이 요구했음 직한 발언을 하게 했다. 그리고 전쟁 중에 실제로 일어난 사건에 관해 말하자면, 나는 우연히 주워들은 대로 또는 내 의견에 따라 기술하지 않고, 내가 직접 체험한 것이든 남에게 들은 것이든 최대한 엄밀히 검토한 다음 기술하는 것을 원칙으로 삼았다"(1.22.1~2). 이에 따르면 투퀴디데스는 자신이 들었거나 전해 들은 것 모두를 연설에 수록하였는데 그 기준은 생생함이라 할 수 있다. 실제로 일어난 사건은 엄밀히 검토한 다음에 기술하였다고 한다. 그렇다면 "엄밀히 검토한

다음"이라는 것은 무엇을 가리키는가. 그것이 말 그대로의 사실 확인을 거친 다음이 아님은 분명하다. 이것이 무엇인지는 2세기 무렵에 쓰인 아리아노스Arrianos의 《알렉산드로스 대왕 원정기》(Anabasis Alexandri)(윤진 옮김, 아카넷, 2017)의 첫머리를 통해서도 확인해 볼 수 있다. "라고스의 아들 프톨레마이오스와 아리스토블로스의 아들 아리스토블로스가 쓴 역사 속에서 일치하여 서술한 부분들에 대해서는 그들의 이야기가 매우 정확하다고 보아 [여기에] 기록한다." 아리아노스가 이것을 쓸 때 자신이 찾아낸 사료는 없었다. 사료 두 개를 놓고 대조하여 일치하는 것만 골라 썼다는 것이다. 그러면 원천에 해당하는 두 인물이 말한 사실이 다를 때는 어떻게 하였는가? "더 그럴 듯하고, 이야기할 가치가 더 있다고 느낀 것을 선택하였다". 이는 투퀴디데스가 "그때그때 상황이 요구했음 직한 발언들을 하게 한" 것과 마찬가지다. 그렇다면 실제로 일어난 사건은 객관적인 사실이 아니라 더 개연성 있는 것, 그럴 듯한 것을 진실로 채택한 셈이며, 이렇게 볼 때 투퀴디데스는 사실상 수사학자로서 작업했다고 볼 수 있다. 더욱이 그는 "그래도 사실을 알아내기란 힘든 일이다. 왜냐하면 각각의 사건의 증인이 어느 한 쪽을 편들거나 또는 정확히 기억하지 못해 같은 사건을 두고 다른 말을 하기 때문"(1.22.3)이라 하면서 사실을 확인하지 못한 것에 대해 그리 심각한 문제의식을 가지고 있지 않다. 그렇다 해도 투퀴디데스는 자신의 기록이 '이야기와는 다른 것'이므로 영원한 자산이라는 자부심을 가지고 있다. 여기서 고려해야 하는 것은 그는 물론 고대의 기록자들이 가진 진리의 기준이 우리가 가진 그것과 확연히 다르다는 점이다.

전쟁의 시작에 관한 논의에서는 전쟁의 원인을 찾아보는 것이 반드시 필요하다. 그것에 대해서 투퀴디데스는 어떻게 말하고 있는가. 원인은

두 가지가 있다. 한국어 판은 모두 '원인'으로 옮겨져 있지만 헬라스 어 원문에는 두 개의 단어가 사용되고 있다. 그것은 prophasis와 aitia이다. 이것들 각각이 어떤 의미인지, 어떤 맥락에서 사용되고 있는지를 보자. aitia는 "양쪽이 공공연하게 제기한 (…) 원인"이다. 다시 말해서 누구나 알고 있고 표면적으로 드러나 있는 원인이다. 이것은 무엇일까. 당시의 헬라스 세계 사람들은 전쟁으로 이어지는 사건들을 휴전협정 파기와 선전포고의 원인이라 여겼다는 것이다. 그런데 투퀴디데스는 그것만으로는 설명이 완결될 수 없다고 보아 alēthestatē prophasis, 즉 "진정한 원인"을 찾았다. 그것은 아테나이의 세력이 커진 것에 대한 펠로폰네소스 지역 사람들의 두려움이다. prophasis는 징후나 전조와 같은 뜻으로 쓰이는 의학 용어다. 이 '원인'은 제1권 88에 제시된, 라케다이몬이 전쟁을 결정한 근원적 이유이기도 하다. 그것이 라케다이몬의 결정 사항이기는 하지만 사실은 투퀴디데스가 판단한 이유이다.

사실 "양쪽이 공공연하게 제기한 (…) 원인"은 원인이라기보다는 사건이 전개되어 간 과정, 즉 '어떻게'에 해당한다. "진정한 원인"은 일종의 내면적인 원인 또는 의도인데, 이것에 실현 도구가 더해지면 '공공연한 원인'이 도출된다. 즉 'prophasis + 도구 = aitia'라는 도식이 성립한다. 투퀴디데스를 비롯한 고대의 기록자들은 prophasis까지 파고들어야 참된 설명이 가능하다고 생각하였다. 그들이 prophasis까지 추적해야 사태에 관한 설명이 완결된다고 생각한 것은 헬라스의 고유한 사고라기보다는 고대적 사유의 일반적 특징이라 할 수 있다. 이러한 사유는 통상 '유기체적 사유 방식'이라 불리는데 일종의 물활론物活論이라 하는 게 더 적절할 것이다. 탈레스가 '만물의 근원(arkhē)은 물'이라고 했을 때 이는 하나의 물질로서의 물이 아니라, 물기 있는 어떤 것이 근원적으로 모든 것을 만들기도 하고 움직이기도 한다는 것을 의미하였다. 이는 정령 숭배와도 상통하는 지점이 있다. 물활론과 정령 숭배는 고대 헬라스의 고유한 것이 아니라 고대적 사유이다. 이는 비과학적이라고 배제할 수 있는 것이 아니다. prophasis는 오늘날의 용어로 말하자면 심상 지도(mental map) 같은 것이다. 이것이 현실에서 실현되려면 도구라는 매개를 거쳐야만 한다. 그 도구들이란, 작용하는 토대인 지리적 구조와 현실의 힘(자본, 제해권, 함선 건조기술 등과 같은 인간사를 구성하는 것들)을 통칭한다.

이러한 요소들을 모두 고려하여 전쟁의 원인에 관한 투퀴디데스의 설명을 재구성해 보자. 어떠한 사태를 완전히 이해하기 위해서는 일단 숨겨진 원인을 알아야 한다. 그러나 이것, 즉 여기서는 라케다이몬의 두려움을 안다고 해서 설명이 완결되는 것은 아니다. 그 두려움이 헬라스 지역의 세력균형, 함선 건조기술 등을 활용한 제해권과 얽혀 어떤 사건들을 만들어 냈는지도 알아야 한다. 두려움만 해명하면 사건 전체를 파악할 수 있는 것이 아니다. 두려움을 현실화하는 도구들도 파악해야 하는 것이다. 그런 다음에는 현실적으로 벌어진 사건들이 어떻게 전개되었는지, 즉 집단 기획으로서의 정치적 과정을 알아야 한다. 이 과정에서 심상 지도와 같은 진정한 원인 또는 내면적인 원인은 사건이 경험되는 방식에 근본적인 영향을 미친다. 이를테면 아테나이가 세력을 확장한다고 하는 동일한 사태가 라케다이몬에 끼치는 영향과 아테나이 동맹 폴리스들에 끼치는 영향은 분명 다를 것이고, 이는 그들 폴리스의 시민들이 가진 심상 지도에 달려 있다. 그리고 사건이 경험되는 방식은 공공연하게 벌어진 사건들을 서사화하는 방식에도 차이를 가져온다. 정치적 사태들은 객관적으로 서사화되지 않는다. 반드시 그것이 정치적으로 어떤 영향을 끼칠지를 고려한 입각점에서 서사화된다. 그리고 이처럼 사건이 경험되는 방식과 사건을 서사화하는 방식으로 추동되는 행위는, 근본적으로 심상 지도에서 시작된 설명을 요구한다. 우리는 이것들을 본격적인 전쟁으로 이어지는 사건들과 사절단들의 연설, 민회에서의 연설 등을 통해 확인할 수 있을 것이다.

제1차 세계대전이 어떻게, 왜 발발하게 되었는가를 다룬 크리스토퍼 클라크Christopher Clark의 《몽유병자들》(The Sleepwalkers: How Europe Went to War in 1914, 2012)(이재만 옮김, 책과함께, 2019)은 투퀴디데스를 읽는 데 필수적인 개념적 도구들을 제공한다.

2-6. 본격적인 전쟁으로 이어지는 사건들

이것에 해당하는 부분을 정리하고 참고할 내용을 덧붙이면 다음과 같다.

>1.24~55: 케르퀴라 사건 — 전쟁으로 이어지는 사건(1) 에피담노스를 둘러싼 케르퀴라와 코린토스의 분쟁
>
>1.29~30: 에피담노스는 케르퀴라에 항복, 코린토스는 케르퀴라에 패배
>
>1.31: 코린토스의 복수 준비, 케르퀴라 사절단과 코린토스 사절단의 아테나이 방문
>
>1.32~36: 케르퀴라 사절단 연설. "케르퀴라는 이탈리아와 시켈리아로 건너가는 해안 항로의 요충지에 자리잡고 있어"(1.36.2).
>
>1.37~43: 코린토스 사절단 연설
>
>1.44: 아테나이 민회는 케르퀴라와 동맹하기로 결정. "케르퀴라 섬은 이탈리아와 시켈리아로 건너가는 해안 항로의 요충지로 보

였다"(1.44.3). 이 결정은 연설 없이 간접적으로 전달되었다. 플루타르코스는 사람들을 설득하여 공수동맹(symmakhia)이 아닌 방어동맹(epimakhia)을 맺게 한 사람이 페리클레스였음을 기록한다. "사람들을 설득하여 코린토스와 싸우고 있는 케르퀴라를 돕게 하고 해군력을 갖춘 활기찬 나라와 연합하게 만든 이"(플루타르코스, 《생애들의 비교》, 페리클레스 편 29).

1.56~67: 포테이다이아 사건 — 전쟁으로 이어지는 사건(2)

1.66: "이런저런 이유로 아테나이 인들과 펠로폰네소스 인들은 반목하게 되었다." "아직은 전쟁이 터지지 않았고 휴전 조약은 여전히 유효했다."

1.67.4: "메가라 인들은 (…) 자신들이 아테나이 영토의 항구들과 앗티케 지방의 시장에서 배제된 것은 조약 위반이라는 점을 지적했다." 메가라 봉쇄 법안에 관해 플루타르코스는 다음과 같이 전한다. "조약이 통과된 진정한 이유를 밝혀내기는 쉽지 않다. 그러나 법안이 취소되지 않은 것은 페리클레스의 책임이라고 모두들 입을 모아 말하고 있다. 그러나 그들 가운데 일부는 그가 고매한 정신과 아테나이 시의 최선의 이익에 대한 명확한 인식에서 메가라에 대한 법안 철회를 거부한 것이라 주장한다. 그는 적이 법안 철회를 요구하는 것은 양보 가능성을 타진하기 위한 시험으로 보았고, 양보는 곧 자신의 약점을 인정하는 것으로 여겼기 때문이라는 것이다. 한편 다른 사람들은 그가 라케다이몬 인들을 무시한 것은 일종의 오만과 투쟁심과 권력 과시욕 때문이었다고 말하고 있다"(플루타르코스, 《생애들의 비교》, 페리클레스 편 31).

전쟁으로 이어지는 첫째 사건이 서른 개의 장으로 되어 있고, 둘째 사건은 열 개의 장으로 되어 있다. 분량이 많다고 해서 중요한 것은 아니다. 일어난 사건들에 대한 서사는 연설에서 만들어지며, 이렇게 만들어진 서사는 폴리스들의 행위에 영향을 끼치므로 그 과정에 대한 면밀한 독서가 필요하다. 또한 투퀴디데스가 직접 인용과 간접 전달 방식을 택함으로써 무엇을 드러내고 무엇을 드러내지 않으려 했는지도 알아낼 필요가 있다.

케르퀴라 사건을 계기로 아테나이는 민회에서 케르퀴라와 방어동맹을 맺기로 결정하였다. 투퀴디데스는 민회에서 행해진 연설을 소개하지 않고 결정 내용만 전하고 있다. "첫 번째 민회에서는 코린토스 인들의 논리를 수용하는 쪽으로 의견이 기울었지만, 두 번째 민회에서는 생각을 바꾸어 케르퀴라와 조건부 동맹을 맺기로 결의했다. 그것은 어느 한쪽이 전쟁을 하면 양쪽이 자동으로 전쟁에 개입하는 완전한 공수동맹이 아니라(그럴 경우 케르퀴라 인들이 코린토스를 공격하자고 요구해 오면 아테나이 인들은 펠로폰네소스 인들과 평화조약을 깨게 될 것이기 때문이다), 케르퀴라나 아테나이나 그들의 동맹국이 외부로부터 침공당할 때만 서로 도와주는 방위동맹이었다"(1.44.1~2). 케르퀴라와 공수동맹을 맺지는 않았지만 적어도 라케다이몬을 견제할 수 있는 수단은 확보하였다. 투퀴디데스는 이 결정에서 주도적인 역할을 한 사람이 페리클레스였음을 밝히지 않았으나 플루타르코스는 그것을 밝혀 두었다. 이는 메가라 봉쇄에서도 드러나듯이 라케다이몬에 대한 페리클레스의 성향에서 나온 정책적 결정이었다.

플루타르코스에 따르면, 페리클레스는 본성상 민주주의자가 아닌데도 소수의 부자들 대신 다수의 가난한 사람들 편을 들었다고 한다. 또한 아테나이에는 처음부터 숨은 균열이 있어서 민주정파와 귀족정파의 갈등이 있었는데 페리클레스는 특히 민중의 마음에 드는 정책을 개발했다. 계속해서 대중을 위해 도시에서 구경거리와 회식과 행렬을 제공했으며 여러 가지 쾌락으로 시민들을 어린 아이처럼 즐겁게 해 주고, 해마다 육십 척의 삼단 노선을 보내 많은 시민들이 급료를 받고 여덟 개월 동안 배를 타고 다니면서 항해술을 배우고 익히도록 장려했다(《생애들의 비교》, 페리클레스 편 7, 11). 메가라 봉쇄 법안에 관련해서 플루타르코스가 기록한 내용은, 아테나이 민회에서 메가라 봉쇄 법안의 취소 여부에 관한 논쟁이 벌어졌고 페리클레스가 이 봉쇄 법안을 철회하지 않는 쪽으로 설득했음을 함축하고 있다. 이처럼 페리클레스는 본격적인 전쟁으로 이어지는 중요한 두 사건 모두에서 아테나이의 행위를 결정하는 데 핵심적인 역할을 하였는데 투퀴디데스는 그것을 명시적으로 이야기하지 않고 있다.

2-7. 네 가지 연설

1.67~88: 라케다이몬에서의 논쟁 — 네 가지 연설. 코린토스 사절단의 연설(A), 아테나이 사절단의 연설(B), 라케다이몬 왕 아르키다모스의 연설(C), 라케다이몬 감독관 스테넬라이다스의 연설(D). A와 C는 대응관계, B와 D는 전쟁의 진정한 원인, 즉 아테나이의 제국주의와 관련됨

1.68~71: 코린토스 사절단의 연설. 라케다이몬에게 결단을 촉구, 라케다이몬 인과 아테나이 인의 특성을 비교함

1.69: 라케다이몬의 주저를 비판함

1.70: 아테나이 인들의 특징

1.71.2~3: "생활방식", "기술이나 정치나 새로운 것이 낡은 것보다 항상 우세하기 마련입니다."

1.72~78: 아테나이 사절단의 연설

1.72: 아테나이의 강력함, 라케다이몬이 전쟁을 원치 않음

1.75.1: 아테나이 인들은 미움받고 있다(1.86.1).

1.75.2: 페르시아 전쟁으로부터의 성취

1.75.3: 아테나이가 가진, 전쟁과 평화에 관한 의사 결정, "체면, 두려움, 이익"

1.76.2: "체면, 두려움, 이익"

1.80~85: 아르키다모스 왕의 연설 — 자중을 요청함

1.84: 느리고 꾸물댄다는 비난에 개의치 말아야 한다.

1.85: 시간의 여유를 두고 차분하게 결정해야 한다.

1.86: 스테넬라이다스의 연설 — 스파르테의 명예를 위해 전쟁을 해야만 한다.

1.87: 라케다이몬 인의 투표

1.88: 라케다이몬의 결정 이유(사실은 투퀴디데스의 판단)

네 가지 연설의 결론은 제1권 23.6에서 제시된 "진정한 원인"인 라케다이몬의 결정 이유이다. "라케다이몬 인들이 이처럼 조약이 깨졌으니 전쟁은 불가피하다고 표결한 이유는 동맹국의 말에 설득되어서라기보다

는 헬라스의 대부분이 아테나이의 통제 아래 들어가는 것을 보고는 아테나이의 세력이 더욱더 커지지 않을까 두려웠기 때문이다"(1.88). 앞서 언급되었던 '두려움'이 되풀이되고 있다. 이로써 제1권 23.6부터 제1권 88까지는 원환 구조(ring composition)로 이루어진 전쟁 개시에 관한 최종 서사가 된다. 그 사이에 들어 있는 것들, 즉 제1권 24부터 제1권 87까지는 '어떻게'에 해당하는 사건들의 묶음이라 할 수 있다.

각 사절단의 연설에서 주요 부분을 분석해 보자. 이 연설에서 우리는 각각의 폴리스들이 다른 폴리스들에 대해 가지고 있는 일종의 심상 지도를 간취해 낼 수 있을 것이다. 그것은 객관적인 사실이 아니지만 행위자들의 심성을 지배하면서 현실의 사건들을 필연적인 것으로 구조화하는 힘을 발휘하게 된다.

코린토스 사절단의 연설. 그들이 보기에 라케다이몬 사람들은 "자신들의 정체와 사회제도를 과신한 나머지 우리가 무슨 의견을 개진해도 우리들 다른 나라 사람의 말에 도무지 귀를 기울이려 하지 않습니다. 그만큼 여러분이 신중한 것도 사실이지만, 그만큼 외교에 능하지 못한 것도 사실"(1.68.1)이다. 라케다이몬 사람들은 "신중"(sōphrosynē)하다. 이에 비하면 아테나이 인들은 '진취적이고 저돌적이며 바깥세상을 떠돌아다닌다.' 이는 각각 헬라스 어로 neōteropoioi, tolmētai, apodēmētai이다. 이 세 가지 특징을 모두 갖춘 사람의 목적은 탐욕(pleonexia)이다. 게다가 라케다이몬 사람들의 "생활 방식은 아테나이 인들에게 견주면 시대에 뒤떨어졌"(1.71.2)다. 이에 비해서 아테나이 사람들의 "생활방식"은 "기술이나 정치나 새로운 것"(1.71.3)이라고 한다. 이는 아테나이 사람들에 대한 헬라스 세계의 공통된 평가이다.

아테나이 사절단의 연설. 투퀴디데스는 "아테나이 인 사절단이 다른 용무로 라케다이몬에 와 있었다"(1.72.1)고 한다. 아테나이 인 사절단은 이렇게 말한다. "사절단이 이곳에 파견된 것은 여러분의 동맹국과 논쟁을 하기 위해서가 아니라 우리 도시가 우리에게 맡긴 소임을 다하기 위해서입니다만, 우리를 비난하는 고성이 오간다는 것을 알고 이렇게 여러분 앞에 섰습니다"(1.73.1). 정말 그러한 것일까? 투퀴디데스가 거짓을 기록했다고 할 수 있다. 어쨌든 아테나이 인 사절단은 자신들이 "체면, 두려움, 이익"(timē, deous, ōphelias)에 근거하여 정책을 결정한다고 주장한다. 그들에게 올바름은 정책 결정에서 중요한 요소가 아니다.

2-8. 오십 년 가까이 유지되어 온 억지력

투퀴디데스는 라케다이몬의 참전 결정을 기록한 다음, 지난 오십 년 동안 있었던 일, 이른바 'pentēkontaetia'(Fifty Years)에 대해 서술한다. 이는 표면적으로는 제1권 88에 대한 보충 설명이지만 단순한 보충이기보다는 페르시아 전쟁 이후 아테나이가 해양 국가로 성장하고 더 나아가 제국이 되는 과정에서 행했던 정책들을 분석하는 것이다. 이것에 해당하는 부분을 정리하고 참고할 내용을 덧붙이면 다음과 같다.

    1.89~117: pentēkontaetia(Fifty Years)에 있었던 일들. 정확하게는 479(페르시아 패퇴)~431(펠로폰네소스 전쟁 발발).
    1.89.1: "아테나이 인들의 힘이 그렇게 성장할 수 있었던 배경"
    1.93.3~4: 해양 국가로 성장하는 아테나이
    1.96: 델로스 동맹 구성
    1.97: 이 시기 아테나이 정책

1.97.2: "내가 본론에서 벗어나 이런 점들을 기술하는 까닭", "여담", "아테나이 제국이 어떻게 생성되었는지"

1.98~117: 제국 성립 과정의 구체적 사건들

1.98: 제국을 유지하는 방법—"포위 공격", "주민을 노예로 삼았다." "이주민을 정착", "조건부 항복", "복속"

1.103.4: 메가라 관련, 코린토스와 적대감 심화, 메가라가 라케다이몬 동맹 탈퇴

1.107: 페이라이에우스 항, 팔레론 항, 성벽

1.114: 페리클레스에게 반기를 든 메가라

1.118: 요약—이 전쟁의 원인(próphasis): 케르퀴라 사건, 포테이다이아 사건, 그밖의 사건들

2-9. 페리클레스

페리클레스는 아테나이 민주정의 절정기를 이끈 정치가로 평가받지만, 앞서 보았듯이 아테나이를 전쟁으로 이끌어 파멸케 한 정치가이기도 하다. 그런데 그의 시대가 민주정 시대였는가에 대해서도 의문의 여지가 있다. 이 점에 대해서 폴뤼비오스를 참조하여 검토해 보기로 하자.
"이러한 상황 아래서 아테나이 사람들 모두의 결정은 분노와 열정에 의해서 좌우될 것이며, 그들은 더 이상 지배받는 것에 만족하지 않거나 권력자들에게 맞먹으려 할 것이다. 아니, 그들은 자기 자신들을 위해 모든 것을 원하거나 거의 모든 것을 원할 것이다. 이런 일이 일어날 때 이 새로운 체제는 가장 매력적인 용어인 '자유'나 '민주정'이라는 것으로 묘사될 것이나 사실상 이것은 모든 체제 중 최악, 대중 정치가 될 것이

다"(Polybios, *Historiai*, 6.57).

"이러한 상황"은 클레이스테네스 이후 시민들이 '자유롭게 말할 권리'(isegoria)를 가지게 된 상황을 가리킨다. 그러한 상황에서 체제는 '자유'나 '민주정'과 같은 말로 불리지만 사실상 그 체제는 '대중 정치'라는 것이다. 이는 헬라스 어로 okhlokratia(mob-rule), 즉 참주정을 가리킨다. 대중이 지배하는 체제인데 왜 참주정인가? 대중이 참주처럼 지배하는 체제라는 것이다. 이를 오늘날의 용어로 고쳐 보자면 '대중 독재'라고 할 수 있다.

2-10. 절정과 몰락을 보여 주려는 서사

투퀴디데스를 '시인이자 역사가'(mythistoricus)로 표상하는 프랜시스 콘퍼드Francis Cornford는 《투퀴디데스, 시인이자 역사가》(Thucydides Mythistoricus)에서, 투퀴디데스가 기술적 구성의 측면에서 아이스퀼로스의 드라마 구도를 모방하고 있다고 본다. 헬라스 비극의 중심 주제 중의 하나인 오만(hybris)과 복수(nemesis)는 여러 저작들에서 다양한 방식으로 사용되는데, 현대의 저작에서 예를 하나 들자면, 이언 커쇼Ian Kershaw의 《히틀러》('Hitler: 1889~1936 Hubris'와 'Hitler: 1936~1946 Nemesis')(이희재 옮김, 교양인, 2010)가 있다. 제2권 서문에서 저자는 이렇게 말한다. "히틀러가 받은 화는 오만에 대한 복수인 셈이지만, 그것은 동시에 히틀러라는 인간을 만들어 낸 독일에 떨어진 철퇴이기도 했기 때문이다".

2-11. 민중이 원하는 대로

'멋대로 할 수 있는 자유'(exousia)를 가리킨다. 플라톤은 《정체》(Politeia) (박종현 옮김, 서광사, 1997)에서 '나쁜 상태의 네 가지 정체'를 논하면서, 과두 정체에서 "올바르지 못한 짓을 아주 '멋대로 할 수 있는 자유'를 갖게 되는 경우-"(554c)가 등장하고 이것을 누구나 최대한 충족시키기 위해 민주 정체로의 이행이 생겨난다고 본다. "그러니까 과두 정체에서 민주 정체로 바뀌는 것은 (…) 그것이 내세우게 된 '좋은 것'에 대한, 즉 최대한 부유해져야만 한다는 데 대한 '만족할 줄 모르는 욕망'(aplēstia) 때문"(555b)이다. 과두 정체의 "통치자들은 많은 것을 소유한 탓으로 통치를 하기 때문에, 젊은이들 중에서 무절제하게 되는 자들로 하여금 자신들의 재물을 낭비하거나 탕진해 버릴 수 없도록 법으로 막으려 하지 않는"(555c)다.

민주 정체의 시민들은 개인이 가진 '멋대로 할 수 있는 자유'라는 가치가 절대로 공격 받아서는 안 된다는 생각에 골몰한 나머지 공동체에 대한 도덕적 판단이 마비된 상태에 빠지게 된다. 이것은 우리가 오늘날에도 목격할 수 있는, '미숙한 평등주의'로 변질된 자유이다. 이것을 최고의 가치로 여기는 이들은 공허한 자만심에 편승하여 떼를 쓰는 이들이며, 그것에서 정치적 자산을 취하는 이가 나쁜 의미의 '포퓰리스트'이다. 플라톤의 《정체》가 펠로폰네소스 전쟁의 경험을 바탕에 놓고 올바름이라는 주제를 논하고 있음은 주지의 사실이지만, 특히 당대의 독자들은 '나쁜 상태의 네 가지 정체'가 현실에서 벌어진 사태의 생생한 반영이었음을 체감하였을 것이다. 과두 정체의 통치자들이 심혈을 기울여 관심을 갖는 것이 재산임은 뤼시아스의 연설 등에서도 드러난다. 정체가 나쁜 상태로 몰락하는 것은 권력의 문제가 아니라 올바름의 문제임을 펠로폰네소스 전쟁 시기의 아테나이가 명백하게 보여 준 것이다.

2-12. 30인 참주를 축출

펠로폰네소스 전쟁이 끝나가는 전후 시기의 이른바 '이행기'에 벌어진 사태들에서 핵심적인 문제들 중의 하나는 체제 부역자들을 어떻게 처리할 것인가였다. 이에 대해서는 뤼시아스Lysias의 〈에라토스테네스 고발 연설〉(Kata Eratosthenous)(《그리스의 위대한 연설》, 김현 외 옮김, 민음사, 2015)을 참조할 수 있다. 뤼시아스는 플라톤의 대화편《정체》서두에서 페이라이에우스에서 시내로 돌아가려는 소크라테스에게 말을 거는 폴레마르코스의 동생이다. 30인 참주정 시기에 에라토스테네스가 폴레마르코스를 가두고 정식 재판 절차 없이 독을 먹여 죽였다. 케팔로스 집안이 방패를 팔아 돈을 많이 벌었는데 그것을 몰수했고, 뤼시아스는 해외로 망명했다. 민주정이 회복되면서 체류 외국인이었던 뤼시아스는 민주정 수립에 공헌을 했다 하여 아테나이 시민권을 받는다. 이후 그는 에라토스테네스가 폴레마르코스를 죽였다는 살인죄를 논하는 본격적 절차가 아니라, 추방하지 않고 아테나이에 거주하되 산송장처럼 살라는 정도의 절차에서 에라토스테네스를 고발하는 연설을 하게 된다.

뤼시아스에 따르면 30인 참주들은 "사람들을 죽이는 것은 대수롭지 않게 생각하는 한편, 돈을 갈취하는 것은 중요하게 여기고 있었"(7)다. 그들의 주요한 행동 동기는 이익이었다. 그들은 "불의를 당한 이들"(52)이나 "페이라이에우스 측 사람들을 위해서나 부당하게 죽어가고 있던 이들을 위해서 분쟁하고 있었던 것도 아니"(56)다. 이들은 명료하게 나쁜 짓을 한 이들(Wrongdoers)이다. 불의를 당한 이들은 저항자들(Resisters)이나 희생자들(Victims)을 가리킨다. 그런데 뤼시아스는 다른 이들도 있었음을 알린다. "그 민회에 참석했던 이들 중 훌륭한 시민이었던 이들은, 사전에 준비된 것과 강제된 것을 알아차리고서는, 일부는 그 자리에 머무르며 침묵을 지키고 있었고 다른 일부는 적어도 도시에 대해 그 어떤 해악도 표결하지 않았다고 생각하면서 자리를 떠나고 있었습니다"(75). 침묵을 지키거나 표결에 불참한 사람들은 중립적인 이들(Neutrals) 또는 수동적 방관자들(passive By-stander)이다.

다른 종류의 사람들도 있었다. "다른 이들이 협조하지 않았다면 그들이 그런 일을 할 수 없었으며, 다름 아닌 그 협조자들에 의해 구제될 수 있다고 생각하지 않았다면 그들이 지금 올 시도조차 할 수 없었다는 점을 말입니다"(85). 이들은 나쁜 짓에서 편익을 얻을 것이라 기대했던 협조자들(Beneficiaries from wrongdoing)이다. 저항했던 이들과 희생당한 이들이 한 쪽에 서고, 나쁜 짓을 한 자들과 나쁜 짓에서 편익을 얻은 자들이 한 덩어리가 된다.

이렇게 구분을 한 다음 뤼시아스는 말을 맺는다. "이제 시내에서 오신 분들과 페이라이에우스에서 오신 분들 양쪽 모두에게 어느 정도 상기시켜 드리고 연단에서 내려가고자 합니다"(92). 뤼시아스의 연설에 대한 분석과 역사 속에서 심각했던 체제 이행기의 정의에 관해서는 욘 엘스터Jon Elster의 《과거 청산하기: 역사적 관점에서 본 이행적 정의》(Closing the Books: Transitional Justice in Historical Perspective, 2004)를 참조할 수 있다.

3장 주해

3-1. 역사적 소크라테스

소크라테스의 생애는, 아테나이가 작은 폴리스에서 페르시아 전쟁 이후 이른바 '제국'으로 나아간 과정, 펠로폰네소스 전쟁에서 패배한 이후 격심한 내분의 단계로 접어든 시기, 즉 아테나이의 전성기와 몰락기 모두에 걸쳐 있다. 아래 연표는 그의 생애와 시대의 주요 사건들을 대비하여 정리하고, 그의 사후 플라톤과 아리스토텔레스의 사망 시기, 즉 고전 시대 전반부까지를 덧붙인 것이다.

470	소크라테스 출생
460	1차 펠로폰네소스 전쟁 발발, 투퀴디데스 출생
458	페이라이에우스 항 조성, 아테나이 장성 건설
445	1차 펠로폰네소스 전쟁 종결(삼십 년 평화조약 체결)
432	포테이다이아 전투(소크라테스 참전)
431	펠로폰네소스 전쟁 발발, 페리클레스의 장례식 연설
430	아테나이 역병, 케팔로스 사망(추정)
429	페리클레스 사망
428	플라톤 출생
421	니키아스 평화조약

418	만티네이아 전투
415~413	시켈리아 원정, 이후 데켈레이아 전쟁
411	아테나이 400인 과두정 성립, 4개월 지속
410	아테나이 과두정 붕괴 후 민주정 회복. 400인 정부 해산, 5000인에게 정권 위임.
406	아르기누사이 해전 이후 장군들 재판
404	아테나이 패배로 펠로폰네소스 전쟁 종결, 30인 참주정
403	30인 참주정 붕괴, 민주정 회복, 특별 사면령
400	투퀴디데스 사망
399	소크라테스 재판과 처형
384	아리스토텔레스 출생
347	플라톤 사망
322	아리스토텔레스 사망

연표에서 데켈레이아 전쟁까지는 폴리스들 사이의 쟁투, 즉 전쟁 (polemos) 시기이다. 크세노폰의 《헬레니카》Hellēnika는 상당 부분이 아테나이에서 벌어진 정파들 사이의 내전(stasis) 시기를 다루고 있다.

소크라테스를 떠돌아다닌 사람으로 분류하는 것은 적절하지 않을 것이다. 그렇지만 전쟁 참여 등 그가 삶에서 겪은 바는 플라톤에 비하여 훨씬 다양하고 폭넓다. 삶의 경험공간(Erfahrungsraum)과, 그 공간에서 길어올린 사상이 펼쳐 보이는 기대지평(Erwartungshorizont)이나 철학적 전망의 폭이 반드시 비례하지는 않겠지만, 소크라테스와 플라톤의 경우에는 어떠한지를 생각해 볼 필요는 있을 듯하다. 단언하기는 어렵지만 대체로 소크라테스의 사상이 플라톤보다 보편적인 측면이 있다. 이 점을 비롯하여 소크라테스의 영향사에 관해서는 프랜시스 콘퍼드의 《소크라테스 이전과 이후》(Before and After Socrates, 1932)(이종훈 옮김, 박영사, 2006)를 참조할 수 있다.

3-2. 기록

크세노폰의 저작 중에 《소크라테스 회상록》 말고도 《페르시아 원정기》(Kyrou Anabasis)(천병희 옮김, 도서출판 숲, 2011)로 번역된 것이 있는데, 이 책의 원제에는 '올라가다'라는 뜻을 가진 'anabasis'라는 말이 들어 있다. 이 저작은 크세노폰이 소小퀴로스Kyros의 원정—이 원정이 소아시아의 낮은 해안가에서 페르시아 고원 지대를 향해 올라가는 것이었다—에 가담하였다가 패배하여 퇴각—그래서인지 일역본 중에는 '萬人隊の 退却'이라는 제목을 달고 있는 것이 있기도 하다—한 이야기를 담고 있다. 내용으로 따지면 '퇴각'이라는 뜻을 가진 katabasis라고 하거나, 혹 해 연안을 따라 내려왔으니 '병진'竝進이라는 뜻을 가진 parabasis라 하는 게 옳았을 것이다. 아리아노스가 쓴 《알렉산드로스 대왕 원정기》에도 anabasis라는 제목이 붙어 있다.

투퀴디데스의 텍스트를 '기록'이라 분류할 수 있다고 하였지만 본격적인 의미에서의 비망록, 즉 로마 사람들이 commentarius라 부르던 형식의 글은 크세노폰에서 비롯되었다고 하는 것이 타당할 것이다. 순정철학주의자純正哲學主義者들은 크세노폰을 눈 밖에 두는 경우가 자주 있는데 이는 옳지 않은 태도이다. 그는 이소크라테스Isokratēs, 아리스토텔레스(의 창작예술론과 수사술修辭術)에게 깊은 영향을 끼쳤으며 특히 로마의 수사학자들인 퀸틸리아누스와 키케로에게 감명을 주었거니와, 우리는 아리스토텔레스를 제외한 네 사람을 하나로 묶는, 대체로 후대에서는 '기술'(ars)의 영역으로 분류되는 사상 계보를 생각할 수도 있다.

헬레니즘 시대와 로마 시대에는 엄밀한 의미에서의 이론학, 즉 형이상학이나 수학이 완전히 무시되지는 않았으나 삶의 상황에서의 적실성에 호소하는 실천적 지혜와 기술이 호응을 얻었다. 사람들이 윤리학이나 정치학, 수사술을 익혀 현실의 삶에 즉각적으로 적용하기를 원했던 것이다. 로마의 귀족들은 이것을 신분의 정당화 근거로 삼기도 하였다. 그러나 로마가 기독교 제국으로 변모하면서 귀족의 교양을 채우는 내용은 기독교적인 것으로 차츰, 그러나 획기적으로 변화하였다. 이는 '고대 후기'(피터 브라운의 개념)에 관한 논의이므로 여기서의 관심사는 아니지만 그것의 원천에 크세노폰과 이소크라테스가 있음을 기억해 두어야 한다.

플라톤의 철학적 사색(필로소피아philosophia)은 궁극으로 추상적인 기하학과 초월적 형이상학으로 귀결한다. 이는 서구 사상에서 형이상학적 전통(metaphysical tradition)의 시원이 되고, 기독교 신학에서도 신플라톤주의로 계수된 것이 접합되어 핵심적인 한 줄기를 이룬다. 이소크라테스의 필로소피아 개념은 신념 체계가 실제적 삶의 영역에서 작동하고 기여해야 한다고 여기는 인문주의적 전통(humanist tradition)의 원천 중 하나이다. 이 둘의 구분은 플라톤이 《정체》에서 제시한 '선분의 비유'(509d~511e)에 근거하여 이해할 수 있다. 플라톤에서 참된 앎은 의견(doxa)이 아닌 최상위에 있는 사유(noēsis)이고 철학자는 그것을 추구해야만 한다. 그렇지만 이소크라테스 같은 철학자들에게는 의견에서 시작하여 합의에 이르는 것이 합당한 탐구활동이다. 따라서 플라톤의 주장에 따르는 철학자는 고독한 진리 탐구자이나 이소크라테스의 주장에 따르는 철학자는 사람들 사이에서 그들의 의견에 귀기울이는 사람이다.

이소크라테스는 〈시민 대축전에 붙여〉(Panegyricos)(《그리스의 위대한 연설》, 김헌 외 옮김, 민음사, 2015)에서 이렇게 말한다. "그들은 오히려 이들에 대해 더 먼저 마음을 썼어야 했습니다. 그것이 맞는 일입니다. (…) 한 사람이 현명한 생각을 잘 한다면 그의 생각을 함께하길 원하는 사람들은 모두 다 혜택을 누릴 수 있기 때문입니다"(2). 여기서 '맞는 일'은 eikos이다. 여러 가지 사정을 살펴볼 때 잘 들어맞는다는 것이다. 이는 필연성(anankē)이 아닌 개연성이다. '현명한 생각을 잘 한다'(eu phronēsantos)면 사람들이 혜택을 누릴 수 있다는 것은 그가 철학적 사색의 목적으로 내세우는 것이다. 이때 가장 중요한 것은 '적절함'이다. "이전에 일어난 행위들은 우리 모두에게 공통의 자산으로 남아 있지만 그것들을 적절한 때에 적절하게 이용하고 그것들에 관하여 적절한 것을 궁리하고 이름을 이용하여 잘 배치하는 것은 현명한 이들의 고유한 재능이기 때문입니다"(9). 현명한 사람은 균등한 크기의 분할 가능한 물리적 시간인 크로노스khronos와 달리 중요한 의미를 갖는 특정 시점인 카이로스kairos를 찾아 적기適期(en kairō)에 무엇을 해야 하는지를 잘 궁리(enthymēthēnai)하는 이다. 이것은 성공적인 삶으로 가는 중요한 방편이다. "의견을 활용하는 사람들(tous tais doxais khrōmenous)이 지식을 지녔다고 주장하는 사람들(taus tēn epistēmēn ekhein epaggellomenous)보다 더 조화롭고 성공적인 삶을 살고 있다는 것"(《소피스테스에 대하여》, 18)이다.

이소크라테스 등의 인문주의적 전통은 콰트로첸토 시기에 고대 학문에 대한 관심이 생기할 때 재생의 기미를 되찾기도 하였으며, 18세기 이탈리아에서 잠바티스타 비코Giambattista Vico가 'verum ipsum factum'(진리는 만들어진 것)이라는 원리 아래 철학, 문헌학, 법학을 하나의 체계로 혼합하여 새로운 학문, 새로운 자연법, 새로운 역사학, 새로운 철학을 시도

하는 데에서도 상기할 수 있다. 인문주의적 전통에 관한 전반적인 개요와 쟁점에 관해서는 에르네스토 그라씨Ernesto Grassi의 《철학으로서의 수사학: 인문주의적 전통》(Rhetoric as philosophy: The Humanist Tradition, 1980)을 참조할 수 있다.

이소크라테스에 따르면 현명한 사람의 궁극적 관심사는 인간사이다. 인간의 일이 이소크라테스의 관심사이고, 소크라테스에 관한 크세노폰의 기록들도 소크라테스가 인간사에 관하여 관심을 가졌던 일들을 집중적으로 담고 있다.

3-3. 아리스팁포스

아리스팁포스Aristippos는 퀴레네(오늘날 북아프리카 리비아의 샤하트) 출신으로, 퀴레네 학파의 창시자 아리스팁포스는 그가 아니라 같은 이름을 가진 그의 손자이다. 이 학파는 극단적인 쾌락주의를 주장한 것으로 알려져 있다. 아리스팁포스가 눈길을 끄는 장면은 플라톤의 대화편 《파이돈》 Phaidōn(박종현 옮김, 서광사, 2003) 첫머리에 있다. 이 대화편은 소크라테스의 마지막 날에 관한 이야기다. 이야기를 들려주는 사람은 대화편의 제목과 같은 파이돈이다. 그는 아테나이에서 소크라테스와 함께 있다가 고향 엘리스로 돌아가던 길에 코린토스 근처 플리우스에 들렀고, 거기에서 소크라테스의 소식을 궁금해하는 에케크라테스Ekhekratēs에게 감옥에서 있었던 일들을 전해 준다.

이 대화편은 크게 세 부분, 즉 본격적인 철학적 담론—죽음, 혼의 불멸, 저승 또는 참된 지구— 과 그것에 들어가기 전에 소크라테스가 친구들과 함께 대화를 나누는 일종의 서사序詞(prologos), 철학적 담론이 끝난 뒤 소크라테스의 최후 장면을 다룬 일종의 퇴장가退場歌(exodos)로 이루어져 있다. 이 대화편 마지막에 파이돈이 내놓은 소크라테스에 대한 규정은 널리 알려져 있다. "우리가 당대에 알게 된 사람들 가운데서 가장 훌륭하였으며, 그 밖에도 가장 지혜로웠으며 가장 올발랐다(정의로웠다)고 우리가 말해야 할 그런 분의 최후 말입니다"(118a).

서사에서 소크라테스와 대화를 나누는 사람은 "본바닥 사람들" 아홉 명과 "다른 나라 사람들" 다섯 명, 모두 열네 명이다. 이들에게 소크라테스는 삶의 기쁨(hēdonē)과 괴로움(lypē)에 관한 자신의 생각을 드러낸다. 이들 열네 명의 출신과 그들이 후대에 남긴 사상적 궤적은 플라톤이 파악한 소크라테스의 사상적 유산遺産으로 간주할 수 있다. 그런데 대화 상대자들을 거론하는 장면에서 유심히 보아야 할 점은 그 자리에 없는 사람의 이름도 등장한다는 것이다. 그들은 네 명이다. 이야기를 들려주는 파이돈에게 에케크라테스가 "아리스티포스와 클레옴브로토스도 거기에 있었나요?"라고 묻자 파이돈은 "확실히 없었습니다"(59c)라고 대답한다. 이는 그들은 "확실히" 제외되었다는 뜻으로 이해할 수 있다. 다른 한 사람은 플라톤이다. "하지만 플라톤은 병이 났던 걸로 저는 생각합니다"(59b). 플라톤이 그 자리에 없는 것으로 설정되었음에 대해서는 다양한 해석이 있다. 마지막으로, 그 자리에 있다가 벗어난 사람은 소크라테스의 아내 크산티페Xanthippē이다. 소크라테스가 "누가 이 사람을 집으로 데려가게" 해달라고 크리톤에게 부탁하자, "크리톤의 집안 사람들 몇이 소리를 지르며 자기 가슴을 치고 있는 부인을 데려갔"다(60a~b).

4장 주해

4-1. "저는 이곳의 말투에 대해서는 그야말로 생소합니다."

이 문장에서는 헬라스 어 atekhnōs와 xenōs가 핵심이다. atekhnōs는 '서툴다'는 것이고 xenōs는 '손님', 즉 이 곳의 관행에 익숙하지 않은 사람 또는 현명한 외부의 관찰자임을 함축한다. 소크라테스가 atekhnōs와 xenōs라고 말하는 것은 지금부터 소크라테스가 하는 변론이, 소크라테스가 아테나이 사람이지만 아테나이 사람이 아닌 사람처럼 이야기하겠다는 것으로 이해할 수도 있다. 마케도니아 사람 아리스토텔레스는 실제로 이런 입장에 처해 있는 사람이었다. 아리스토텔레스는 다른 지역에서 온 손님이긴 한데 아테나이와 헬라스 세계에 오래 살아서 이 세계에 대해서 잘 아는 사람이다. 그러므로 그는 한 발 물러서서 학문적 저술을 쓸 수 있었다. 플라톤은 소크라테스가 사용하는 호칭과 더불어, 이 법정과 소크라테스라는 사람에 대한 아테나이 사람들의 태도 등 전반적인 것에 대하여 낯설게 보기를 작동시키고 있다.

4-2. 신들을 믿는 문제

《소크라테스의 변론》(Apologia Sōkratous)(박종현 옮김, 서광사, 2003)의 역자 주석에 따르면 "신들을 믿는다'(theous nomizein)고 할 때의 nomizein은,

우리말에서 신이나 종교를 믿는다고 할 때, 그것을 '받들고 따름'을 의미하듯, 단순히 신이 존재하는 것으로 믿는다기보다도 오히려 종교적인 관습(nomos)을 따르고 이를 존중하는 것을 의미한다고 할 것이다". nomizein은 nomos에서 나온 말이다. 헬라스 어에서 nomizein이라는 말은 믿음(pistis)을 가리키는 것이 아니라 관습을 따르는 것을 가리킨다. 내면에 경건한 신앙심이 전혀 없지만 안 하면 허전하고 딱히 할 일도 없고 습관이 되기도 해서 사원에 자주 드나드는 것도 nomizein이다. 헬라스의 종교에서 신들을 믿는다는 것은, 신들을 존중한다거나 신들에 대한 관념을 따른다는 것이지 내면의 경건함을 뜻하지는 않는다. 다시 말해서 경건하게 믿는 것을 가리키는 라티움 어 religio로 이해해서는 안 된다.
《소크라테스 회상록》제1권 1장 2절에는 다음과 같은 말이 있다. "먼저 소크라테스가 나라에서 믿는 신들을 믿지 않는다는 첫 번째 죄목과 관련해 그들은 어떤 증거를 제시했을까? 소크라테스가 가끔은 집에서, 또 국가의 공공 제단에서 제물을 바치는 것을 누구나 볼 수 있었고, 그가 예언술을 이용하는 것도 누구나 다 아는 사실이니 말이다". 이렇게만 보면 소크라테스는 nomizein의 입장에서 봐도 크게 문제가 있는 사람은 아니다. 오히려 여기서 논란이 되고 있는 것은, 크세노폰도 지적하고 있듯이 "자기는 어떤 신적 존재의 지시를 받는다고 소크라테스가 주장한" 사실이다. 멜레토스는 이와 연관해서 소크라테스가 새로운 신들을 들여왔다고 고발했다. 소크라테스가 이교도(pagan)라는 것이다. 소크라테스는 자신이 새로운 신을 들여온 것은 아니라고도 하지 않았고 그렇다고 안 들여온 것도 아니라고 하지 않았다. 긍정도 부정도 하지 않은 것이다. 《소크라테스의 변론》에 따르면 그는 논점을 흐려서 자신이 뭔가를 믿고 있다고 하였다. 문헌적으로 보면 크세노폰의 소크라테스가 역사적 사실에 가깝다. 고소인들은 소크라테스를, 이를테면 이교도라면서 고소하였는데 소크라테스는 나는 이교도가 아니라고 말한 것이 아니라 그래도 나는 뭔가를 믿는다는 말로 쟁점을 희석시켰다.

이는 캐물음(exetasis)과 관련되어 있다. 사람들이 왜 캐묻고 다니느냐고 물으니 소크라테스는 신의 명령으로 그렇게 한다고 대답했다. 플라톤이 지적하고 있듯이 철학의 시초는 원초적인 놀라움(thaumazein)이다. 여기서 시작하여 소크라테스는 경건함으로 진전한다. 소크라테스가 캐묻는 것은 경건함을 촉구하는 것이다. 소크라테스는 그러한 경건함을 촉구하게 하는 원천이 신적 존재라는 것이다. 또한 경건함을 충실하게 실천한다는 것은 봉사(emēn)이다. 즉 캐물음은 신에 대한 봉사의 구체적인 방법이다. 이것은 쾌락주의에 대한 강력한 반박이다.

이에 관한 정합적인 이해를 위해 역사적 문헌으로 정리된 선서 진술서, 그것을 옮겨 놓은 크세노폰의 《소크라테스 회상록》 제1권 1장 1절, 플라톤의 《소크라테스의 변론》 24b를 대조하면서 살펴보기로 하자. 역자는 각주에서 선서 진술서의 내용을 다음과 같이 전한다. "《디오게네스 라에르티오스》Diogenēs Laertios, II. 40을 보면, 아테나이의 중요 문서 보관소였던 메트룬Mētrōon에 하드리아누스 황제(Publius Aelius Traianus Hadrianus, 재위 A.D. 117~138) 시대까지 보관되어 있던 것으로 파보리노스Phabōrinos가 말하는 이 선서 진술서(antōmosia)의 정확한 내용은 이러하다. '피트토스 출신인 멜레토스의 아들인 멜레토스가 알로페케 출신인 소프로니스코스의 아들인 소크라테스를 상대로 다음과 같이 기소하고 선서 진술을 함. 소크라테스는 나라가 믿는 신들을 믿지 않고, 다른 새로운 영적인 것들(daimonia)을 도입함으로써 죄를 범함. 그뿐더러 젊은이들을 타락시킴으로써 죄를 범함. 구형(벌: timēma)은 사형(thanatos).'" 진술의 순서를 잘 보자. "나라가 믿는 신들을 믿지 않고"에 들어간 단어가 nomizein이다. 나라가 믿는 신들을 믿지 않는다는 것은 별 문제가 안 된다. 이는 신을 믿는 이들이 각자 알아서 해도 무방한 관습에 해당하는 것이기 때문이다. 그 다음이 "다른 새로운 영적인 것들을 도입함"이고, 세 번째가 "젊은이들을 타락시킴"이다. 이것도 있을 수 있는 일이다.

크세노폰의 《소크라테스 회상록》 제1권 1장 1절에 따르면 "소크라테스는 첫째, 나라에서 믿는 신들을 믿지 않고 그와는 다른 새로운 신적 존재들을 들여옴으로써 둘째, 젊은이들을 타락시키는 불법행위를 저질렀다는 것"이다. 여기서 "신적 존재"로 번역된 말은 'daimonion'이다. 이는 선서 진술서에 나온 "영적인 것들"(daimonia)의 단수형이다. 선서 진술서를 기록한 파보리노스는 소크라테스가 "새로운 영적인 것들(kaina daimonia)을 도입(eisēgoumenos)"했다고 한다. 크세노폰은 이 "도입"을 eisēpherōn이라 적었다. 이 단어와 eisēgoumenos의 의미는 크게 차이나지 않는다. 여기서 쟁점은 '다른 새로운 것들'이다. 그래서 크세노폰은 2절에서 "아닌 게 아니라 자기는 어떤 신적 존재의 지시를 받는다고 소크라테스가 주장한 것은 널리 알려진 사실이다. 내 생각에, 소크라테스가 새로운 신들을 들여온다고 고발당한 주된 이유가 바로 이것 같다"라고 적었을 것이다.

《소크라테스의 변론》, 24b를 보자. "소크라테스는 젊은이들을 타락시키고, 나라가 믿는 신들을 믿지 않고, 다른 새로운 영적인 것들(daimonia)을 믿음으로써 죄를 범하고 있다고 합니다. 그러니까 기소 내용(enklēma)은 이런 것입니다. 그렇지만 이 기소 내용의 하나하나를 자세히 검토하도록 합시다." 플라톤은 소크라테스가 이렇게 말했다고 기술하였지만, 실제로 소크라테스가 그대로 말했다고 믿기는 어렵다. 여기서부터는 모두 플라톤이 말하고 있다고 보아야 한다. 선서 진술서는 "도입"인데, 여기서는 "믿음"이다. 이것은 다르다.

daimonia(단수형은 daimonion)는 세 곳 모두에서 사용되었다. daimonia는 daimōn과 분명히 다른 것이다. 그런데 멜레토스가 소크라테스는 무신론자라고 하자 소크라테스는 이렇게 대답한다. "영적인 것들(daimonia)이 있는 건 믿으면서, 영들(daimones)의 있음은 믿지 않는 사람이 있소?"(27c). daimonia를 믿는 사람은 daimones(daimōn의 복수형)도 믿는다고 말하고 있다. 멜레토스는 소크라테스가 daimonia를 '들여왔다'고 했다. 그런데 소크라테스는 자신이 daimonia를 '믿는다'고 말하고 어쨌든 자신은 뭔가를 '믿는' 사람이라고 반론한다.

daimonion과 daimōn은 다르다. 그런데 이 다름이 중요한가, 소크라테스가 무엇을 믿었는지, 아니 무엇을 들여왔는지가 이렇게 따져 물어야 할 만큼 중요한 것인가? 플라톤의《에우튀프론》(박종현 옮김, 서광사, 2003)에서 소크라테스는 이렇게 말한다. "보시오! 얼른 듣기에도 이상한 것들이라오. 그가 주장하는 것은 내가 신들을 만들어 내는 자이며, 또한 생소한 신들을 만들어 내면서도 예로부터 믿어 온 신들은 믿지 않는 자라는 것인데, 바로 이런 연유로 나를 기소했다고 말하고 있기 때문이오"(3b). "신들을 만들어 내는 자"(poiētēn einai theōn), "생소한 신들을 만들어 내"는 자(hōs kainous poiounta theous)에서 theous는 daimonia와 daimones의 상위 개념이다. 소크라테스는 자신이 들여온 것을 정확하게 규정하여 말하지는 않았다. 그렇지만 에우튀프론은 그것을 규정적으로 말했다. 이에 대한 역자의 주석을 보자. "'영적인 것'의 원어 to daimonion에서 '다이모니온' daimonion을 '수호신', '신령' 또는 '영'靈을 가리키는 낱말인 daimōn의 축소형 명사로 잘못 아는 일이 더러 있는데, daimonion은 원래 형용

사이고 이를 중성 정관사 to와 함께 써서 명사화한 것이지, 고전기 헬라스 어에서 daimonion이 명사로 쓰인 일은 없다는 게 버넷(J. Burnet)의 견해이다. 이 '영적인 것'에 대한 상당히 구체적인 언급이《소크라테스의 변론》31c~d 및 40a~c에 나온다. 31c~d에서는 '일종의 소리'로서 나타나는 '일종의 신적인 것이며 영적인 것'(theion ti kai daimonion)으로, 40b에서는 아예 '신의 알림'(表示)(to tou theou sēmeion)으로, 그리고 40c에서는 '그 익숙한 알림(표시)'(to eiōthos sēmeion)으로 언급되고 있다.《국가》(政體) 496c에서는 '영적인 알림(표시)'(to daimonion sēmeion)으로,《파이드로스》 242b~c에서는 '영적인 것과 그 익숙한 알림(표시)'으로 언급되고 있다. 이에 대한 언급은 그 밖에도《테아이테토스》151a,《에우티데모스》272e 등에서도 보인다. 특히《에우티데모스》에서는 '그 익숙한 영적인 알림(표시)' (to eiōthos sēmeion to daimonion)이라는 표현이 보인다. J. Burnet의 *Plato's Euthyphro, Apoligy of Socrates and Crito*, 16, p.128(Oxford, 1924) 또는 역자의《플라톤의 국가(정체)》(서광사, 1997), 412쪽의 주석을 참조할 것".

daimonion과 daimōn은 다르다. daimōn은 헬라스에서 믿어 오던 신들에 대한 총칭이라 할 수 있다. 헬라스 세계에서 daimōn과 인간은 호혜적 관계다. 인간은 daimōn에게 공물, 희생물을 바치고 daimōn은 그에 상응하는 은혜(kharis)를 베푼다. 소크라테스가 말하는 daimonion은 인간과 그러한 호혜적 관계에 있는 존재가 아니다. 소크라테스는 daimonion과 daimōn이 차이가 있다는 것을 알고 있다. 다시 말해서 나도 신을 믿는다고 말한 것은 멜레토스를 속인 것이다. 그가 믿는 것은 헬라스 사람들이 전통적으로 믿어 오던 신과 다르다. 그것은 정신적인 것이다. 구체적인 형상으로 만들어 숭배할 수 있는 것이 아니다.

'소크라테스의 신'은 무엇보다도 '부끄러움'(aiskhynē)을 요구한다. 이는 염치(aidōs)를 느끼는 것과 같은 말이다. 염치를 느끼지 못하는 것, 그것이 파렴치함(anaides)이다. 아킬레우스가 아가멤논을 비난하면서 썼던 말이다(호메로스,《일리아스》, 1.158). 그러나 아킬레우스가 말하는, 아직 내면화되지 않은 파렴치함과 자기 자신에 대한 반성이 수반된 소크라테스의 부끄러워함(aiskhynesthai)은 다르다. 아킬레우스의 그것은 사람들의 평판(doxa)과 명예(timē)를 갈구하는 명예욕(philotimia)에서 발현된 것이다. 아킬레우스는 '내가 지금 저 사람이 염치가 없다고 비난하고 있는데, 그러고 있는 나는 파렴치하지 않은, 떳떳한 사람인가'라는, 자신으로 향하는 물음을 결여한 상태이다. 그는 그저 전리품에 대한 강한 욕망(epithymia)에서 아가멤논을 비난하고 있다. 이것은 좋은 것에 대한 분별(euboulia)도, 도덕 감정(moral sentiment)도, 이성 충동(boulesthai, Vernunft Instinkt)도 아니요, 절제(sōphrosynē)는 더욱 아니다. 소크라테스가 말하는 참된 부끄러움은 '자기와 함께 아는 것'(syneidenai, conscire)이다.

헤겔은 소크라테스의 '부끄러움'이 "내면의 확신"이며 이는 "그때까지의 아테나이의 신이 아닌 다른 새로운 신"이므로 "소크라테스에 대한 고발은 전적으로 타당하다"고 말한다. 멜레토스가 다른 신을 믿는다고 고발한 것이 맞다는 말이다. 그러나 이 신은 신이 아니기도 하다. 부끄러움을 자각한 인간은 "진리가 무엇인지를 스스로 알고 있으며, 자기 안에서 스스로를 관상한다". 이러한 자기 관상(Schauen), 스스로 캐묻기는 바깥의 평판과 명예로 향해 있던 시선을 자기 자신으로 돌려서 자기 자신에 대해 부끄러움을 느낀다는 것, 즉 "자신의 이중적 타자 존재를 이중적으로 지양한다는 것은 바로 자기 자신으로의 이중적 되돌아옴"(*Theorie Werkausgabe*, Eva Moldenhauer u. Karl Markus Michel[hrsg.], Bd. 18, S. 503)이다. 이렇게 본다면 소크라테스의 신은, 소크라테스가 신화神化(theōsis, deificatio)의 단계에 이른 것은 아니므로 객관적 실체는 아니지만 여전히 낯선 타자로서의 주관적 관념체일 것이요, 플라톤이《정체》에서 말하는 "하늘에 바쳐져 있는 본本(paradeigma)"(592b)과는, 낯선 것이라는 점에서는 동일하다 해도 다른 것이라 하겠다.

4-3. 두 가지를 지시

소크라테스는 신에게 지시(tattō)를 받는다. 신은 그에게 지혜를 사랑하는 것과 캐묻기, 이 두 가지를 지시했다. 그에 따라 소크라테스는 신에게 경건한 마음을 가지고 봉사하고 영혼을 돌본다(epimeleia). 이것이 이교도로서의 소크라테스의 행위다.

4-4. '개인적으로' 한다

헬라스 어로 '사인으로 지냄'은 idiōteuein이고 '공인으로 지냄'은 dēmosieuein이다. idiōteuein에서 파생된 영어 단어가 idiot인데 이 뜻은 원래가 '세상 물정을 모르는', '은둔하는' 이란 뜻이다. 소크라테스가 사적인 삶을 고수한 것에는 퓌타고라스Pythagoras 학단의 반면교사적 영향력이 있지 않았을까 하는 추측을 해 볼 수도 있다. 주지하듯이 퓌타고라스 학단은 본래 비밀결사체로 활동하는 정치 집단이었는데 크로톤 지방에서 암약할 당시 크게 타격을 입고 수학에만 전념했다는 설이 있다. 마르크스와 엥겔스의《공산당 선언》(Manifest der Kommunistischen Partei, 1848)에도 이 단어가 쓰였다. "부르주아 계급은 농촌을 도시의 지배 아래 굴복시켰다. 부르주아 계급은 거대한 도시들을 창조했고, 농촌 인구에 비해 도시 주민의 인구를 현저하게 증가시켰으며, 그에 따라 주민의 상당 부분을 세상사에 무관심한 농촌 생활로부터 떼어 내었다"(Marx-Engels-Werke, Bd. 4, S. 466).

4-5. '꾀가 많은' 오뒷세우스

아킬레우스가 죽은 후 그의 갑옷을 누가 가질 것인가를 두고 아이아스Aias와 오뒷세우스Odysseus 사이에 쟁론이 벌어졌다. 어리석은 지도자 아가멤논Agamemnōn은 이 쟁론을 해결하지 못하였다.

아킬레우스의 운명은 호메로스의 《일리아스》Ilias(천병희 옮김, 도서출판 숲, 2015)에서 그의 입으로 예견되었다. "나의 어머니 은족의 여신 테티스께서 늘 말씀하시기를, / 두 가지 상반된 죽음의 운명이 나를 죽음의 종말로 인도할 / 것이라고 하셨소. 내가 이곳에 머물러 트로이아 인들의 도시를 / 포위한다면 고향으로 돌아가는 길은 막힐 것이나 내 명성은 / 불멸할 것이오. 하나 내가 사랑하는 고향땅으로 돌아간다면 / 나의 높은 명성은 사라질 것이나 내 수명은 길어지고 / 죽음의 종말이 나를 일찍 찾아오지는 않을 것이오"(제9권, 410~416).

아킬레우스는 트로이아 전쟁에서 파리스가 쏜 화살에 발뒤꿈치를 맞고 죽었다. 그의 명성은 불멸이 되었고 그의 무구가 남겨졌다. 사령관 아가멤논은 아이아스와 오뒷세우스 중에서 누가 이 갑옷을 차지할 것인지를 결정하게 하려고 배심원을 뽑았다. 아이아스는 오뒷세우스도 인정하는 탁월한 장수이다.

오뒷세우스는 용맹함과도 거리가 멀고 그에 따라 불멸의 명성도 얻지 못했다. 꾀가 많은 그는 어떤 수를 써서라도 전쟁을 빨리 끝내고 고향 땅으로 돌아가기만을 애타게 바라는 사람이다. "갑작스런 파멸을 면한 다른 사람들은 모두 / 전쟁과 바다에서 벗어나 이제 집으로 돌아와 있건만 / 귀향과 아내를 애타게 그리는 오뒷세우스만은"(호메로스, 《오뒷세이아》, 제1권, 11~13)(천병희 옮김, 도서출판 숲, 2015).

아이아스와 오뒷세우스는 배심원들 앞에 섰다. 두 사람은 배심원들을 설득해야 한다. 아이아스는 긴 말 할 필요가 없었다. 여기는 전쟁터다, 싸움 잘 하는 사람이 보상을 받아야 하는 것이 당연하다, 아킬레우스가 죽었는데 나 말고 다른 사람이 갑옷을 받을 수 있겠는가, 성과급은 나의 것이 되는 게 마땅하다.

오뒷세우스는 전쟁 전체에 대해 말한다. 전쟁에서는 싸움을 잘 하는 것도 중요하다, 그러나 더 중요한 것은 전투 하나하나가 아니라 전쟁에서 이기는 것이다, 지금 전선은 교착 상태에 빠져 있다, 벌써 몇 년째란 말인가, 내가 이 전쟁을 이길 묘수―'트로이아의 목마'는 아직 실행되지 않은 상황이다―가 있다, 내 꾀를 믿고 나에게 투표를 해 보라, 그러면 여러분은 모두 안전하게 집으로 돌아갈 수 있을 것이다. 배심원들은 만장일치로 오뒷세우스의 편을 들었다. 아직 실현되지 않은 계략이지만 그가 전쟁에서 이길 수 있다고 한 것에 설득된 것이다.

소포클레스의 비극 《아이아스》Aias(천병희 옮김, 도서출판 숲, 2008)를 보자. 아이아스는 자존심이 상했고 화가 났다. "만일 아킬레우스가 살아 있어 누군가 승리한 자에게 / 자신의 무구들을 손수 상으로 수여하게 되었다면, / 어느 누구도 나 대신 그 무구들을 거머쥐지 못했으리라. / 한데 지금 아트레우스의 아들들이 마음씨가 음흉한 자에게 / 그 무구들을 넘겨주고 나에게서 승리를 가로챘어"(442~446).

아이아스는 화를 못 이기고 헬라스의 장군들을 습격한다. 그러나 아테나 여신이 그를 미치게 함으로써 그는 가축을 장군들이라 착각하고 도륙한다. 비극은 아이아스가 도륙을 끝내고 정신을 차린 장면에서 시작한다. 아이아스는 수치심에 자살을 결심한다. 그러나 그는 부하들에게 자신의 결심을 숨긴다. "나는 욕장浴場과 해변의 풀밭을 / 찾아가 이 더러운 것들을 정화할 참이야. / 여신의 가혹한 노여움을 달래기 위해서 말이야. / 그리고 사람의 발길이 닿지 않는 후미진 곳을 발견하면 / 나의 무기들 중에 내게 가장 적대적인 이 칼을 / 땅속 깊숙이 묻을 것인데, 그곳에서는 아무도 이 칼을 / 보지 못하고 밤과 하데스만이 저 밑에 간직하게 될 거야"(654~660).

코로스는 그 말을 곧이 듣고 "좋은 방향으로 그분의 생각이 바뀌었"(744)다고 여긴다. 아이아스는 자살한다. "이것이 아이아스가 너희들에게 하는 마지막 말이다. / 나머지는 하데스의 집에 가 있는 자들에게 말하리라!"(864~865).

사령관의 위세가 떨어진 상황에서 아가멤논은 군기를 잡겠다고 결심한다. 그는 자신에게 항명한 아이아스의 시신을 매장하지 못하게 하고 그 명령을 그의 동생 메넬라오스가 아이아스의 동생 테우크로스에게 전한다. "자네는 이 시신을 묻지 말고 누워 있는 그대로 버려 두게!"(1048). "그는 황갈색 모래 위에 내던져져 / 해변에 사는 새들의 밥이 될 것이라네"(1064~1065). 그러나 테우크로스는 명령에 불복한다. "내가 당신의 협박을 무시하고 무덤에 / 뉘어 드릴 것이오. 그것은 내 정당한 권리니까"(1109~1110). 메넬라오스와 테우크로스는 '법'을 두고 다툰다. 소포클레스의 다른 비극《안티고네》에서 크레온과 안티고네가 다투듯이, 어느 한 쪽이 옳으면 다른 한 쪽은 옳지 않은 이율배반의 사태가 벌어졌다.

"테우크로스: 그렇다면 당신을 구해 주신 신들을 모독하지 마시오./ 메넬라오스: "내가 신들의 법을 어기고 있단 말인가?"/ 테우크로스: "당신이 여기 서서 죽은 자를 묻어 주지 못하게 한다면./ 메넬라오스: "공공의 적을 묻어 주는 것은 온당하지 못하니까"(1129~1132).

아가멤논도 가세한다. 이때 오뒷세우스가 그를 막으며 나선다. "그대는 제발 무모하게도 / 이 사람을 묻어 주지도 않고 인정사정없이 내던지지 / 마시오. 그리고 그대는 권세에 휘둘리어 정의를 / 짓밟을 정도로 이 사람을 미워해서는 아니 되오. / 한때 이 사람은 내게도 군대에서 가장 고약한 적이었소. / 내가 아킬레우스의 무구를 손에 넣은 뒤로 말이오. / 그가 나를 그렇게 대했지만, 나는 트로이아에 온 / 모든 아르고스 인들 중에 아킬레우스말고는 그만이 가장 탁월한 전사임을 부인할 만큼 / 그의 명예를 실추시키고 싶지는 않았소이다. / 그대는 그의 명예를 정당하게 실추시킬 수 없소이다. / 그대는 이 사람이 아니라 하늘의 법도를 해코지하는 / 것이니까요. 용감한 사람이 죽었다고 해서 모욕하는 것은 / 옳지 못하오. 설사 그를 미워했다 하더라도 말이오."(1332~1345).

아가멤논은 오뒷세우스에게 항변한다. "그대는 오늘 우리를 겁쟁이처럼 보이게 할 것이오"(1362). 그러나 오뒷세우스는 거듭 맞선다. "모든 헬라스 인들에게 정의를 존중하는 사람들로 보이게 하겠지요"(1363). 코로스 장도 오뒷세우스에게 동의한다. "오뒷세우스 님, 이런 분인 그대를 지혜를 타고나지 / 못한 사람이라고 말하는 자가 있다면 그는 바보겠지요."(1374~1375).

상황은 먼 옛날의 신화 속 이야기가 아니다. 전혀 다른 종류의 능력을 가진 두 사람이 자기가 보상을 받아야 한다고 다투는 일은 언제든 일어난다. 아가멤논이 여기서 뭔가 역할을 해야 하는데 그가 한 일이라고는 배심원을 추첨으로 뽑아서 판단을 맡겨 버린 것, 배심원의 결정을 그대로 수행한 것 말고는 아무것도 없다. 그는 전쟁이 끝나고 집에 돌아갔을 때 아내 클뤼타이메스트라에게 죽임을 당한다.

헬라스의 장수들에게 명예는 그 어떤 것과도 바꿀 수 없는 것이다. 그것은 존중받고 싶은 욕구이고 그것으로써 자신의 체면을 세우는 것이기도 하다. 아이아스의 수치심은 내면의 부끄러움이 아니다. 전장에서의 자신의 성과가 무시당했다는 사회적 수치이다. 이번 프로젝트에서 내가 공을 많이 세웠는데 성과급은 교활한 말솜씨로 사람들을 속이는 애먼 놈이 챙겼다, 평가위원회도 괘씸하지만 모든 걸 배심원들에게 맡겨 버린 사령관을 죽이고 싶다, 다 죽이겠다고 나섰는데 정신 차려 보니 난장판이 되어 버렸다, 이제 더 물러설 여지도 없다. 그러니 그냥 이대로 죽어 버리는 게 낫겠다고 결심한 것이다.

오뒷세우스도 할 말이 없는 건 아니다. 능력이라는 게 꼭 전투를 잘 치르는 것만은 아니다, 속된 말로 머리가 나쁘면 몸이 고생하는 게 세상 이치 아닌가, 앞날을 내다보며 교묘한 계략을 잘 짜는 능력을 무시할 까닭이 어디 있단 말인가, 아둔한 머리로 힘만 잘 쓰는 게 전쟁의 전부는 아닌 것이다.

아가멤논도 좀 억울할 것이다. 배심원을 추첨으로 뽑았고 그들이 오뒷세우스 편을 들어 주었는데 내가 이 결과를 뒤집을 수는 없지 않은가. 투명한 절차와 규칙에 근거하여 나온 결과를 두고 반항한 아이아스를 이번 기회에 벌 주지 않으면 다른 장수들이 앞으로 항명하는 것을 막을 도리가 없다. 마침 네스토르의 조언도 있었다. 네스토르는 공평한 절차를 잘 지키면 된다고 했었다. 그것이 인간의 법, 즉 노모스nomos다. 평등과 합의, 그리고 투명성에 근거한 형평성, 이 정도의 사회계약이면 충분하지 여기서 뭘 더해야 한다는 말인가.

소포클레스는 이 사태를 다르게 본다. 그는 형평성을 충족시켰다고 해서 올바름이 실현된 것은 아니라고 생각한다. 소포클레스의 생각은 아가멤논을 설득하는 오뒷세우스의 말에 들어 있다. 오뒷세우스는 교활한 사람의 상징이었다. 그러나 여기서 그는 기지를 발휘하여 아이아스의 죽음을 변호한다. 그는 자신의 적이었던 아이아스를 칭송한다. 아무리 절차가 투명했다 해도 아이아스의 억울함을 무시해서는 안 된다는 것이다. 그를 존중하는 것이 옳다는 것이다. 이는 형평성이 옳다고 주장하는 이들에게 다른 종류의 옳음을 제시하는 것이다. 올바름(정의, justice)과 형평성(fairness)은 분명히 다르다. 이렇게 말하면서 사람들을 어루만지는 것은 사실 아가멤논이 가지고 있어야 할 능력이었다. 그는 단순히 절차를 집행하는 이가 아니라 전체를 이끌어야 하는 사령관이니까. 그런데도 그는 고작 겁쟁이가 될 것을 두려워할 뿐이었다. 사령관이라면 겁쟁이 소리를 듣더라도 "정의"를 실현하기 위해 움직였어야 한다. 《아이아스》에 등장하는 오뒷세우스는 혼의 조화로운 결합, 즉 혼화混和(krasis)에 이른 사람이다. 그런 까닭에 코로스는 그를 "지혜"로운 사람이라고 칭송한다. 매사에 자신의 위신을 세우는 것만을 고려했던 아가멤논에게는 다른 사람의 마음을 헤아리는 힘이 없었다. 그는 그 누구와도 '같은 마음'(homophrosynē)에 이른 적이 없었다. 그의 죽음은 필연적 귀결이다. 호메로스의 서사시에서 아내 페넬로페와 같은 마음에 이르렀던 오뒷세우스와 뚜렷하게 대조된다.

5장 주해

5-1. 대체 연설문

《메넥세노스》는 플라톤이 생각하는 추도식 연설문의 전범으로서 제시되었다고 할 수 있으며, 그런 까닭에 일반적으로 이 대화편의 부제는 '추도사'(epitaphios logos)이다. 페리클레스의 전몰자 추도사와 대비되는 것이다. 그러나 이러한 대비는 형식에서만이 아니라 내용에서도 뚜렷하다. 이를테면 《고르기아스》Gorgias(박종현 옮김, 서광사, 2018)에서 소크라테스는 칼리클레스에게 이렇게 말한다. "페리클레스와 키몬 그리고 밀티아데스와 테미스토클레스가 그대에겐 여전히 훌륭한 시민들이었던 걸로 생각되는지를 (…) 그들이 정녕 훌륭했다면, 이들 각각이 시민들을 더 못한 사람들 대신 더 훌륭한 이들로 만들었을 게 명백하오. (…) 페리클레스가 아테나이 인들을 게으르고 비겁하며 수다스럽고 돈을 좋아하도록 만든 것으로 듣고 있기 때문인데, 이는 그가 최초로 수당 수령을 제도화해서라오"(515d~e). "대단한 친구여, 내가 이들을 나무라는 것은 적어도 나라의 봉사자들이라는 점에서는 아니오. 적어도 요즘 사람들보다는 이들이 더 봉사적이었으며, 나라가 욕망하는 것들을 더 잘 갖추게 할 수 있었던 것으로 내게는 생각되오. 그러나 그들도 실인즉 시민들이 훌륭하게 되는 이 방향으로 설득하고 강요함으로써, 그들의 욕망들을 방향 전향케 하고 그냥 내맡겨 두지 않는 데는 그들도 이들과 거의 다를 게 없소. 바로 이것만이 훌륭한 시민의 일(ergon)이오"(517b). 소크라테스와 플라톤이 보기에, 페리클레스가 전몰자 추도식 연설에서 아테나이가 "헬라스의 학교"(hē Hellados paideusis)라고 말했던 것은 오만한 자기 찬양이었을 뿐이다. 따라서 변론술이 참된 기술이 되려면 말재주만 익혀서 헛된 것을 설득하고 강제해서는 안 되고, 못된 것으로 향하는 욕망을 전향케 해야만 하며, 이는 훌륭한 시민이라면 마땅히 해야 할 일이다. 헬라스 세계의 역사와 전쟁에서 피폐해진 아테나이 사람들의 영혼을 논하는 《메넥세노스》는 소피스테스를 비판하는 《고르기아스》와 이런 식으로 연관된다.

5-2. "더 큰 일들"

소크라테스는 메넥세노스가 협의회 회관에 드나드는 것을 보고 "더 큰 일들"(ta meizō), 즉 성인이 되어 공공의 일을 할 셈인지를 묻고 있다. 이는 순전히 궁금해서 물어 본 것일 수도 있고, 질책의 의도도 있을 것이다. "교육과 철학(지혜사랑)" 공부가 끝났으면 공공의 일을 해 보겠다는 생각이 들기도 할 것이다. 그러나 이제부터 소크라테스가 메넥세노스에게 전해 줄 연설문의 내용에서 짐작할 수 있을 것처럼, 헬라스 세계의 역사와 조상의 유산에 대한 공부가 더 필요할 것이다. 다시 말해서 소크라테스는 제자들에게 공부할 과목을 추가한 셈이다.

5-3. "나라 체제는 인간들의 생활양식"

나라 체제, 즉 어떤 정치 체제(politeia)에서 사느냐에 따라 사람들의 생활양식(trophē)이 규정된다. 정치 체제는 생활양식을 조건 지우고 생활양식은 정치 체제를 조건 지운다. 서로 스며들어서 서로를 적신다. 그런데 여기에는 딜레마가 있다. 나라 체제가 올바르면 사람들의 생활양식도 올바르다. 나라 체제가 올바르지 못하면 사람들의 생활양식도 올바르지 못하므로 사람들을 올바르게 하려면 나라를 올바르게 해야 한다. 그런데 사람들의 생활양식이 올바르지 못하면 나라 체제를 올바르게 할 방도가 없다. 그래서 악순환이 계속된다. 사람들이 악해져 있으니 체제를 잘 만들어야 하는데 그것은 첫 단추를 어떻게 끼우느냐가 중요하다. 이러한 문제가 있기는 하지만 플라톤은 정치 체제가 생활양식을 만들어 내고, 그보다는 미약하지만 생활양식도 정치 체제에 영향을 끼친다고 생각하므로《정체》에서는—나라와 개인의 올바름이 반드시 상응하지는 않지만—한 나라의 올바름을 먼저 따진 후 한 사람의 올바름을 따지는 것이다. 더 큰 것이기에 따지기 쉽기도 하지만, 나라가 올바르면 그 안에 사는 사람들에게도 영향이 있다는 생각을 가지고 있다. 그런 점에서 플라톤은 도덕주의적 처방을 가지고 있는 것이 아니다. 도덕주의 처방은 그저 사람이 올바르면 된다는 처방이다. 시민들의 생활양식이 지혜롭고 사려 깊다면 그러한 것이 정치 체제의 조건이 될 수도 있다.

생활양식의 영역에서 부끄러움을 느끼지 못한다면 그것은 죄(sin)를 짓는 것이다. 이에 대응하여 올바른 인간은 책임감(responsibility, Schuld)을 짊어져야 한다. 소크라테스가 사인의 입장에서 자신을 변론한《소크라테스의 변론》은 이 대응 구조를 가지고 전개된 것이었다. 실정법의 영역에서 공인으로서 저지르는 잘못은 범죄(crime)이며, 이에 대해서는 법적 책임(liability, Haftung)을 져야 한다. 막스 베버는《직업으로서의 정치》에서 책임윤리와 신념윤리를 구별하고, 사적 영역에 머물면서 신념윤리만을 가지고 있는 이와는 달리 공적 영역에서 정치를 직업으로 가지는 이는 책임윤리를 가져야 한다고 주장한다.

《메넥세노스》에서 제시된 연설은 생활양식의 영역에서 할 수 있는 것과 정치 체제의 영역에서 할 수 있는 것을 구별해서 보여 줌과 동시에 두 영역의 미묘한 경계선도 보여 준다. 이 경계선, 즉 사인이 공적인 일에 개입할 수 있는 최대의 범위가 역사다.

죄와 죄책감, 범죄와 법적 책임, 그리고 역사적 정치적 책임 등에 관해서는 도이칠란트의 전쟁 범죄에 대해 깊이 있게 다룬 칼 야스퍼스Karl Jaspers의 《죄의 문제》(Die Schuldfrage: Von der politischen Haftung Deutschlands, 1946)(이재승 옮김, 앨피, 2014)를 참조할 수 있다. 이 책은 욘 엘스터의 책과 함께 고대의 정치적 문제들이 오늘날의 상황과 결코 무관하지 않음을 아주 잘 보여 준다.

우리 시대, 사상사로 읽는 원전: 체제 탐구
소크라테스, 민주주의를 캐묻다

초판 1쇄 2021년 11월 15일

지은이 | 강유원

펴낸곳 | 라티오 출판사
출판등록 | 제2021-000075호(2007.10.24.)
전화 | 070) 7018-0059
팩스 | 0303) 3445-0059
웹사이트 | ratiopress.com
트위터 | twitter.com/ratiopress
팟캐스트(라티오 책 해설) | ratiopress.podbean.com

@ Yuwon Kang, 2021

이 책의 무단 전재 및 복제를 금합니다.

ISBN 979-11-959288-4-2 03100